走进大学
DISCOVER UNIVERSITY

什么是民族学？

WHAT IS ETHNOLOGY?

南文渊 编著

大连理工大学出版社
Dalian University of Technology Press

图书在版编目(CIP)数据

什么是民族学？/南文渊编著. -- 大连：大连理工大学出版社，2021.9
ISBN 978-7-5685-2987-7

Ⅰ．①什… Ⅱ．①南… Ⅲ．①民族学－通俗读物 Ⅳ．①C95-49

中国版本图书馆 CIP 数据核字(2021)第 071882 号

什么是民族学？ SHENME SHI MINZUXUE ?

出 版 人：苏克治
责任编辑：邵　婉　张　娜
责任校对：齐　悦
封面设计：奇景创意

出版发行：大连理工大学出版社
　　　　　（地址：大连市软件园路 80 号，邮编：116023）
电　　话：0411-84708842（发行）
　　　　　0411-84708943（邮购）　0411-84701466（传真）
邮　　箱：dutp@dutp.cn
网　　址：http://dutp.dlut.edu.cn

印　　刷：辽宁新华印务有限公司
幅面尺寸：139mm×210mm
印　　张：5.125
字　　数：96 千字
版　　次：2021 年 9 月第 1 版
印　　次：2021 年 9 月第 1 次印刷
书　　号：ISBN 978-7-5685-2987-7
定　　价：39.80 元

本书如有印装质量问题，请与我社发行部联系更换。

出版者序

高考,一年一季,如期而至,举国关注,牵动万家!这里面有莘莘学子的努力拼搏,万千父母的望子成龙,授业恩师的佳音静候。怎么报考,如何选择大学和专业?如愿,学爱结合;或者,带着疑惑,步入大学继续寻找答案。

大学由不同的学科聚合组成,并根据各个学科研究方向的差异,汇聚不同专业的学界英才,具有教书育人、科学研究、服务社会、文化传承等职能。当然,这项探索科学、挑战未知、启迪智慧的事业也期盼无数青年人的加入,吸引着社会各界的关注。

在我国,高中毕业生大都通过高考、双向选择,进入大学的不同专业学习,在校园里开阔眼界,增长知识,提

升能力，升华境界。而如何更好地了解大学，认识专业，明晰人生选择，是一个很现实的问题。

为此，我们在社会各界的大力支持下，延请一批由院士领衔、在知名大学工作多年的老师，与我们共同策划、组织编写了"走进大学"丛书。这些老师以科学的角度、专业的眼光、深入浅出的语言，系统化、全景式地阐释和解读了不同学科的学术内涵、专业特点，以及将来的发展方向和社会需求。希望能够以此帮助准备进入大学的同学，让他们满怀信心地再次起航，踏上新的、更高一级的求学之路。同时也为一向关心大学学科建设、关心高教事业发展的读者朋友搭建一个全面涉猎、深入了解的平台。

我们把"走进大学"丛书推荐给大家。

一是即将走进大学，但在专业选择上尚存困惑的高中生朋友。如何选择大学和专业从来都是热门话题，市场上、网络上的各种论述和信息，有些碎片化，有些鸡汤式，难免流于片面，甚至带有功利色彩，真正专业的介绍文字尚不多见。本丛书的作者来自高校一线，他们给出的专业画像具有权威性，可以更好地为大家服务。

二是已经进入大学学习,但对专业尚未形成系统认知的同学。大学的学习是从基础课开始,逐步转入专业基础课和专业课的。在此过程中,同学对所学专业将逐步加深认识,也可能会伴有一些疑惑甚至苦恼。目前很多大学开设了相关专业的导论课,一般需要一个学期完成,再加上面临的学业规划,例如考研、转专业、辅修某个专业等,都需要对相关专业既有宏观了解又有微观检视。本丛书便于系统地识读专业,有助于针对性更强地规划学习目标。

三是关心大学学科建设、专业发展的读者。他们也许是大学生朋友的亲朋好友,也许是由于某种原因错过心仪大学或者喜爱专业的中老年人。本丛书文风简朴,语言通俗,必将是大家系统了解大学各专业的一个好的选择。

坚持正确的出版导向,多出好的作品,尊重、引导和帮助读者是出版者义不容辞的责任。大连理工大学出版社在做好相关出版服务的基础上,努力拉近高校学者与读者间的距离,尤其在服务一流大学建设的征程中,我们深刻地认识到,大学出版社一定要组织优秀的作者队伍,用心打造培根铸魂、启智增慧的精品出版物,倾尽心力,

服务青年学子,服务社会。

"走进大学"丛书是一次大胆的尝试,也是一个有意义的起点。我们将不断努力,砥砺前行,为美好的明天真挚地付出。希望得到读者朋友的理解和支持。

谢谢大家!

2021 年春于大连

前　言

　　研究自然现象的学科称为自然科学，研究社会文化现象的学科称为人文社会科学。而民族学被认为是研究人类族群自身的一门科学，它既考察地球各大洲不同生境区的各个族群，又追溯各族群的历史演变，描述和解释各个族群的信仰观念、文化体系、社会结构及其交往关系。民族学与文化/社会人类学研究领域相同，侧重于古今中外各个族群的社会与文化研究。

　　史鉴使人明智，诗歌使人巧慧，数学使人精细，博物使人深沉，伦理使人庄重，逻辑与修辞使人善辩（培根语）。

　　民族学如同博物之学使人眼界开阔、胸怀远大，它要浏览古今中外各个族群的社会与文化，理解不同族群的

信仰和价值观；民族学也使人变得更宽容，它可以帮助我们认识自己，同时去体验另一族群的生存环境与文化传统，协调不同族群之间的相互交流与沟通；民族学可以帮助我们理解和接受自己在生物界的地位，既要对自然界采取一种敬畏和谦恭的态度，又要充满信心地面对未来宇宙的挑战。

《什么是民族学？》是一本通俗读物，在这本小册子中，我们通过一位中学生和民族学博士（简称 M 博士）的问答方式，简要地讨论民族学的基础知识与研究方向，阐释文化民族学、社会民族学、生态民族学、环境民族学、象征民族学及发展民族学等分支学科关注的现象，回答民族学学习中产生的疑惑。

本书只是讨论相关族群文化常识问题，而对民族学学科体系、范式理论及人类学分支学科涉及不多。同学们如果有兴趣，可以查阅相关大学民族学教学机构的专业设置和我国民族学人类学研究学会专家的介绍，以便完整、准确地掌握民族学学科特征，确定自己的学习研究方向。

南文渊

2021 年 7 月

目 录

人、群、族：民族学学什么？ / 1
  认识自己 / 2
  认识他族：民族志研究 / 11
  高校民族学专业 / 15

身、心、性：如何认识民族？ / 21
  体质民族学(体质人类学)研究 / 22
  文化民族学解读 / 31
  社会民族学介绍 / 35

天、地、人：民族学学科介绍（一） / 41
  生态民族学 / 41

环境民族学 / 66

气候民族学 / 71

象、器、境：民族学学科介绍（二） / 84

风俗民族学 / 84

人口民族学 / 96

身体民族学 / 100

语言民族学 / 106

象征民族学 / 109

影视民族学 / 121

美美与共：学习民族学的意义 / 124

中国民族学的贡献 / 124

民族学努力为现实服务 / 126

科学研究的态度与方法 / 136

树立理性的价值观 / 138

参考文献 / 146

"走进大学"丛书拟出版书目 / 149

人、群、族：民族学学什么？

> 民族学与文化人类学、社会人类学的研究对象和范围基本相同，彼此间也经常互相通用。
>
> ——林耀华

中学生：六年的中学学习就要结束了，现在我马上高中毕业了。我希望在大学里选一个自己喜欢的专业，查看各个大学的招生信息，发现有许多大学设有民族学专业，我想请教一下 M 博士，民族学是学什么的学科？

M 博士：民族学自然是以民族或者族群作为研究对象，研究人类各民族、族群的社会文化及其演变发展规律的学科。它拥有独特的实地田野调查方法以及与民族学相关领域的分支学科。许多高校将民族学与文化/社会人类学学科并列在一起。这里我们就从人、人类、族群说起。

▶ 认识自己

M博士：古希腊神话中有一个长着狮子躯干、女人头面的怪兽，叫作斯芬克斯。它坐在一个悬崖边上，向过路人出同一个谜语：有一种动物早晨四条腿走路，中午两条腿走路，晚上三条腿走路，这是什么动物？

中学生：这个谜语后来被俄狄浦斯回答了，是人，不同年龄段的人。

M博士：是的，俄狄浦斯说出了"人"的生物特征和一生的命运。西方哲学史上"人是什么"这一古老的斯芬克斯之谜一直困扰着历代的思想家，古希腊哲学家苏格拉底倡导人们"认识你自己"，从此形成了探索人及其存在的学科——人学。人学研究成为贯穿人类文明史的一个世界性话题。古希腊哲学家普罗泰戈拉提出"人是万物的尺度"，主张确立人在自然界中的中心位置。莎士比亚在《哈姆雷特》中高歌："人类是一件多么了不起的杰作！多么高贵的理性！多么伟大的力量！多么优美的仪表！多么文雅的举动！在行为上多么像一个天使！在智慧上多么像一个天神！宇宙的精华！万物的灵长！"这都表达了工业革命时期对人的独立地位和自由价值的歌颂。

然而19世纪的德国思想家马克思却指明：人的本质在其现实性上是"一切社会关系的总和"。这种认识表明人是社会的动物，任何人都隶属某一社会群体。一人独行，二人结伴，三人成众，组成了一个社群。人的一生是一条"人—从—众"的社会化之路，人通过社会化达到人性的完善。

与马克思"人是社会的人"的思想相吻合，我国古代圣人构建人时，从人和人性的多层面突出人的社会性。

古人创造的"人"这个象形字，是侧立垂臂的状态。《说文解字》中有："人，……象臂胫之形。"表明人与用四肢行走的动物有区别。《释名》中有："人，仁也，仁生物也。"《礼记·礼运》中有："故人者，其天地之德，阴阳之交，鬼神之会，五行之秀气也。"

"人"最重要的特征是隶属于族群：人是族群的产物，族群社会是人的塑造者；人也是礼义道德的人，人之为人、人之异于禽兽的最本质标尺是仁。汉字"人"和"仁"古时可互通，是同音、同源字。《说文·人部》中说："仁，亲也。"符合这仁的标准的人，自然是"人才"。《孟子·离娄下》中说："人之所以异于禽兽者几希；庶民去之，君子存之。舜明于庶物，察于人伦，由仁义行，非行仁义也。"

人生而群分,维持人与人、人与族群间关系的准则是仁。

中学生:我喜欢读《红楼梦》,我看其中的各色人都是在大家族中生存。贾宝玉的出生、求学、交友、娶亲活动离不开四大家族的族缘关系及其求"仁"的文化氛围。贾宝玉是家族中的叛逆之子,他一心期望冲出这"花柳繁华之地,温柔富贵之乡",但是最终"只落了一片白茫茫大地真干净"。

M博士:是的,《红楼梦》中描述了一个人服从家族的人生道路:一个人一来到世上,首先生存在家族族群之中;个人的生存、前途和命运与族群息息相关;族群规定了个人不同的社会地位,也确定了个人不同的生存前景。

中国古代的族群是按"族""人""民"的概念分类。我国历史古籍中,用来表达类似"族群""民族"概念的语词有族、人、类、种、民等单音词,指不同文化、不同社会、不同生计的族群共同体。

一个人生下来首先归属的"族"是一种初级群体,即家族、宗族、氏族。家族是核心族体,外围层次是宗族,再扩而大之是氏族。春秋时期"族"含血缘宗族、家族、亲族、九族的内涵。由众多血缘关系的"宗族"组合为地缘社会群体的族群联盟、国家层面的国族,是从多到一、由近及远的过程。

中国的民族形成历史是从夏、商、周三代开始,当时中原的族群称之为诸夏、华夏。一说"夏"是从夏水(又称汉水)得名,"华"是因为华山而得名;另一说认为夏朝建立伊始以中央大国自居,夏即"中国","夏人"即"中国之人"。春秋战国时期"华夏"指中原区域奉行周礼文化的族群共同体。

汉人族称的出现则是由于汉王朝的建立。秦统一七国族群;汉继秦业,汉朝在多元族群的基础上统一成为汉族。以后经过两千多年的历史演变,各民族间进行杂居、混合和融合,汉族像雪球一样越滚越大,是当今世界上人数最多的民族。现代汉族与其他55个少数民族统称为"中华民族"。中华民族是各民族相互交融的共同体。

中学生:古代汉语原初意义上的"民"与"族"的概念蕴含着鲜明的中华传统文化色彩。但是这种分类概念怎么能够与现代社会使用的"民族"概念相对接呢?

M博士:现代民族学学科意义上的"民族"概念一词与英文的nation一词对应,是在19世纪末引进我国的,已经有100多年的历史。学界一般将"民族"理解为历史上形成的具有共同区域、文化、生计、心理特征的社会共

同体。2005年召开的中央民族工作会议指出，民族是在一定的历史发展阶段形成的稳定的人的共同体。一般来说，民族在历史渊源、生产方式、语言、文化、风俗习惯以及心理认同等方面具有共同的特征。有的民族在形成和发展的过程中，宗教起着重要作用。这里指出了民族是具有客观认可特征的共同体。

我国当代"民族"概念包含三种不同层次的群体。第一层次是在"民族国家"层面上的群体，例如中华民族；第二层次是在56个民族层面的群体，包括满族、蒙古族、维吾尔族、藏族、壮族、土家族、回族等55个少数民族和汉族；第三层次是"民族"概念延伸的群体，例如，表示不同时代的原始民族、古代民族、现代民族，表示奉行不同生计方式的族群如游猎民族、狩猎民族、游牧民族、农耕民族、工业民族等。

中学生：我看到关于民族学的另一表述：民族学是研究族群的学科。"族群"与民族是相同的概念吗？族群包含哪些人群呢？

M博士：族群的英语对应词是 ethnic group，其意义拓展为"种族"，"语言"和"文化"族群；一般说来，族群指那种具有共同起源、共同文化特征的人群范畴，包括种族、祖先、语言、文化、宗教等基本特征要素,也将地域、职业、年龄、性别、阶级要素纳入其中。无论是我国古代文献中的族和民,还是近代输入的民族学学科意义上民族、族群概念,都包含多元丰富的族群类型。

中学生:民族学研究的族群的内涵看来丰富多样。

M博士:是啊,世界族群本身队伍宏大,各族群拥有其独特的体质特征、生存环境和文化色彩。古代华夏在黄土高原汉水流域组成一个族群,后来进入中原发现四周还活动着蛮夷狄戎另一族;西汉以来许多人开始探索世界,有机会沿丝绸之路从中原走向西亚,进入印度、欧洲,再到美洲、大洋洲。发现世界各地族群肤色有别,语言不同,信仰各异。民族学解释人类族群,包括我们自身族群,也包括世界族群。

中学生:民族学是如何对世界诸族群进行划分的?

M博士:"人以群分,物以类聚。"当今世界人口已经达到77亿,如此众多的人口是以族群划分的。民族学可以从不同角度划分族群:

按不同人种肤色和体征划分人类族群:可以划分为高加索人(又称白种人)、尼格罗人(又称黑种人)、蒙古人(又称黄种人),其中每一大类又分为若干小亚类。人种

是具有共同遗传体质特征的人类群体,它是地理种的概念。世界不同地区环境对各个人群迁徙支系的遗传变异进行选择,逐渐形成了现代人的不同地理种,也就是我们说的人种。

按区域人种、聚落划分族群。例如:按世界各大洲划分,如亚洲人、欧洲人、非洲人、美洲人等;亚洲人又划分为北亚人、东亚人、南亚人、西亚人几个亚种;西亚人又分为阿拉伯人、波斯人、犹太人等。按区域生计方式划分为城镇市民、乡村农民、森林猎人、草原牧民、江河湖海渔民。

也可按不同国别划分。例如,中国人、美国人、泰国人、日本人等。我们中国人统称中华民族,有56个民族;世界人口也分为不同的民族,世界各个国家的民族共有两千多个。在美国,除了欧洲白种人以外,还有少数族裔,包括拉美裔、非洲裔、亚裔以及印第安人等。因此,地球所有人都分属于某种族群或者民族。

从族群演变过程划分,例如,将世界不同群体划分为氏族、部落、部族、族群、现代民族等。亦可从社会文化共同体角度划分为古代族群如吐蕃人、匈奴人、西夏人、契丹人、女真人;近代民族如汉族、藏族、蒙古族、壮族、回族等。

上述不同的群体,可以称之为族群,有时亦称为人群,都属于民族学的研究对象。可见民族学研究的范围很广,所以它的学科体系也比较广博,形成了较为多元的分支学科。

✤ 延伸阅读:先秦时代的"族"与"民"

《周易》记载:"君子以类族辨物。"原始社会的人群是以"族"划分的,每个人生而隶属于特定的族群。个人隶属的初级群体是家族、宗族、氏族。家族是核心族体,外围层次是宗族,再扩而大之是氏族。我国夏、商、周时期氏族以"姓"作为共同宗族形式,姓出于母氏氏族;三代有姓本于五帝,演变到 22 姓的传说。例如:神农氏首领(祖先)是炎帝,姜姓;有熊氏祖先是黄帝,姬姓。这样象征同祖同姓的血缘氏族群体构成"族"群共同体。《日知录集释》记载:"先秦时期男子称氏,女子称姓;氏一再传而可变,姓千万年而不变。"因此,宗族是"人以群分"的基本单位,也是古代社会的基本细胞。

为什么"族"能表示具有共同生活方式的基本单元呢?"族"的本意在《说文》中有:"矢锋也,束之族也。从方从矢。"表示箭头和竖立的旗帜,会意为持矢之人聚于旗下。《周礼·地官·大司徒》中有:"令五家为比,使之

相保；五比为闾,使之相爱；四闾为族,使之相葬；五族为党,使之相救。"周代以百家为一族,组成一战斗单位,也是社群管理单位。"类聚百族、群分万形"。同一族的人往往有一定的血缘关系,《书·尧典》中有:"克明俊德,以亲九族。"九族上自高祖,下至玄孙,同族人共同生活,共同维护本族利益。

中国古代早期的"民"包含三种含义:其一是指奴隶阶层的划分。郭沫若在《甲骨文字研究》中讲到:西周金文中的"民"字"象以刃物刺一左目形",表示"盲其左目以为奴征","民"即下层民众的称呼。其二是指农耕生产者。《说文解字》中认为"民,众萌也。从古文之象。凡民之属皆从民"。意为隶属于族或国的生产劳动者。其三是指社会普通百姓,所对应的是官吏和君主。古代凡不做官的都称为民,其中包括贵族、地主；亦有小人、庶民,包括士、农、工、商不同职业的民。所以百姓民众更多地使用黎民、草民、庶民、万民、庸民、苍生等名称。

由于春秋战国时期"族"含血缘宗族、家族、亲族、九族的内涵,这一时期的"民"都是隶属某一"族"的,没有独立于族之外的民。由众多血缘关系的"宗族"组合为地缘社会群体的族群联盟、国家层面的国族,是从多到一、由近及远的过程。于是天子有天下,统领"百官兆民"；诸侯有国,统辖"国族"百姓;大夫有族,辖制宗族、家臣。这种层级结构的基本组织是宗族。

到战国以来的编户齐民时期,"族"明确分为"皇族"与"民族"两类人群(即皇族、王族、贵族、世族、国族、望族与庶族、贱族、黎民之分);此外还出现了区域文化族群之华、夷之分,包含了"五方之民"(蛮、夷、戎、狄、华夏)的划分。这样族内分为社会阶层、文化族群。

▶ **认识他族:民族志研究**

中学生:请介绍一下民族学是如何划分学科的。

M博士:现代民族学与人类学都产生于19世纪40年代的欧美国家。人类学是研究人类体质与文化奥秘的科学,涉及与人类相关的生物、地理、社会、人文多种知识体系。一位著名的人类学家说过,没有一个人类学家能够掌握人类学全部学科,人类学家只能是某一学科的专家。学术界一般认为民族学学科包括在人类学学科之内,民族学研究范围大致等同于人类学的二级学科——文化人类学或社会人类学。在我国,许多学校把文化人类学与民族学看作相互交叉的同一学科,两者相关课程与研究课题内容相近。所以民族学分支学科与人类学学科多有重合。在

此我们列举一下相关学者提到的民族学各个分支学科:

1. 族群体质方面包括体质民族学(人类学)、分子民族学(人类学)、考古民族学(人类学)等。

2. 民族文化方面包括心理民族学、宗教民族学、性别民族学、艺术民族学、教育民族学、医学民族学、老年民族学、食物民族学、身体民族学、民俗民族学等。

3. 民族社会方面包括政治民族学、生态民族学、经济民族学、法律民族学、都市民族学、乡村民族学、环境民族学和历史民族学等。

如此,民族学各个学科范围涉及人类族群生存生活的各个方面。民族学研究范围往往涉及文化人类学或社会人类学。

中学生:如此看来民族学研究包括世界各个族群社会文化的广博内容。但是在我的印象中,我国的民族学就是研究55个少数民族的风俗习惯的。

M博士:少数民族风俗习惯是民族学研究的对象之一,但是不全面。许多人想当然地认为:民族学就是研究少数民族问题的。这种认识其实是片面的,民族学与文化/社会人类学相同,不仅研究少数民族风俗习惯,还研究人类自身和人类文化。民族学、人类学研究的对象,几乎囊括人类各个区域不同时期的所有族群,既研究人类不同族群的生存历史,也研究人类不同族群的社会文化及相互关系。

中学生:民族志研究是怎样进行的?

M博士:民族志的研究,是民族学或者文化人类学学者运用田野调查的方法对一个族群或区域群体的传统行为方式和社会文化进行描述,并且对其行为方式做出解释。民族志研究是民族学的重要内容。

民族志的研究成果体现为描述社群文化的著作文献或影像作品。这些研究成果都以描述、研究复杂社会、多样社群、多样生活方式的"微观族群志"为宗旨。

中学生:民族志研究有具体的文献吗?

M博士:中外有很多民族学文献。我大概列举一下:

其一是历史文献中的非专业的民族志描述,司马迁《史记》中为北方草原民族匈奴立传,陈寿的《魏书》中为鲜卑、乌桓、匈奴立传记;《新唐书》《宋史》《辽史》《金史》都有吐蕃、契丹、女真的专门记录。9～12世纪的《契丹国志》记载了北方森林诸族群的生活;洪皓的《松漠

纪闻》记载了契丹族群生活；《华阳国志》《十六国春秋》《蛮书》《大金国志》都是研究少数民族历史文化的重要资料，许多族群传记是作者实地考察后的研究报告。

其二是专业民族志研究。民族学人类学研究注重文化元素和社会环境的重要性。例如，20世纪30年代，我国人类学家到边疆族群田野点调查，把观察到的地方人群生活方式记录下来，以描绘社会整体和文化全貌。这方面经典之作有费孝通的《江村经济》《禄村农田》，林耀华的《金翼》《凉山夷家》等。20世纪50年代，我国民族学家深入各民族地区调查，撰写出了各少数民族简史、简志和民族自治地方概况三套丛书。此后又有少数民族社会历史调查资料丛刊等"五种丛书"共400多册出版。近年来有《清代蒙古志》《藏族部落制度研究》《中国民族志》等通志类专著出版。

民族学人类学形成于19世纪的西方，产生了不同学派的经典著作，有的著作是民族学专业的学生经常要读的，如恩格斯的《家庭、私有制和国家的起源》，再如进化论学派的《原始文化》《古代社会》，传播学派的《神灵起源》，文化历史学派的《原始人的心智》，功能学派的《巫术科学宗教与神话》，结构学派的《野性的思维》等，还有对区域族群生存史、特殊族群生命史的研究。例如，玛格丽特·米德的

《萨摩亚人的成年》，埃文思-普里查德的《努尔人》，还有贝特森的《纳芬人》。西方人类学家注重对某一族群性格的心理人类学研究，例如，女人类学家鲁思·本尼迪克特写的《菊与刀》一书，是专门研究日本文化与民族特性的。

▶ 高校民族学专业

中学生：我想了解一下我国高校的民族学专业，请您介绍一下。

M博士：好，我简单介绍一下民族学专业。

我国民族学学科建立于20世纪初。20世纪80年代，我国高等学校与国际人类学界进行开放交流，民族学与人类学在各院校中得以恢复、重建，我国民族学与人类学也开始致力于与国际接轨，具有中国特色的民族学与人类学的学科体系已经基本形成。民族学人类学家用专业知识为社会现实服务，为国家政策的制定做贡献。

★ 国内开设民族学人类学学科的院校

开设民族学人类学分支学科的全国重点大学有北京大学、中山大学、云南大学、兰州大学、四川大学、厦门大学、南京大学、南开大学、清华大学、中国人民大学、陕西

师范大学、西北大学、中央民族大学、复旦大学、山西大学、辽宁大学、山东大学、北京师范大学、武汉大学、华东师范大学等，还有中国社会科学院大学等。

开设民族学及相关专业的各个民族院校与各省、市、自治区大学有：西南民族大学、中南民族大学、宁夏大学、广西民族大学、贵州民族大学、内蒙古大学、内蒙古师范大学、赤峰学院、通辽民族大学、重庆三峡学院、青海民族大学、新疆师范大学、云南民族大学、吉首大学、西北民族大学、大连民族大学、西藏民族学院、西藏大学、北方民族大学、西南大学、广西师范大学、贵州大学、烟台大学、湖北民族学院、广东技术师范学院等。

香港中文大学、台湾"清华大学"、台湾大学、香港科技大学开设人类学分支学科，招收人类学博士研究生；此外，武汉大学、福建师范大学、中南大学、中国音乐学院、中国刑警学院、中国艺术研究院、华南师范大学等设置人类学二级、三级专业。此外，欧美各国著名大学都设有人类学分支学科专业。

★ **民族学人类学学科门类划分**

➡ **民族学学科划分**

教育部划分法学门类(03)下的一级学科是民族学

(专业代码0304);二级学科分为:民族学(030401)、马克思主义民族理论与政策(030402)、中国少数民族经济(030403)、中国少数民族史(030404)、中国少数民族艺术(030405)。

2009年重新发布的《中华人民共和国学科分类与代码国家标准》中,一级学科民族学改名为民族学与文化学(850);二级学科中增加了文化学(85070)、新疆民族问题研究(85042,含维吾尔学);二级学科文化学(85070)的三级学科是文化地理学、文化心理学、文化遗产学。

➡ **人类学学科划分**

教育部将人类学列为一级学科社会学下的二级学科;法学门类(03)下的一级学科是社会学(0303),二级学科分为:社会学(030301)、人口学(030302)、人类学(030303)、民俗学(030304,含民间文学)。

2009年重新发布的《中华人民共和国学科分类与代码国家标准》中,体质人类学划入自然科学门类一级学科生物学或者生命科学下的二级学科。

★ **民族学人类学学科培养要求与主干课程**

各个大学针对民族学本科生、研究生提出了各自不

同的要求。一般将民族学培养目标表述为：了解哲学社会科学基本知识，受到人类学、宗教学、语言学、历史学及考古学等方面的基本训练；较为熟练地掌握一门外国语，能阅读本专业的外文资料；了解国内外民族学理论和基本发展状况，具有一定的分析能力，基本掌握民族学田野工作技术，能够初步运用民族学及其相关学科的研究方法分析和解决问题，具有一定的创造性思维能力和从事民族学研究的初步能力；能够从事相关专业科研、教学工作和影视、新闻、出版、文博部门的工作，以及文化资源开发管理工作。

各个高等学校民族学专业根据自己的学科优势开设相关课程，一般开设如下普通课程：民族学概论、社会学概论、文化人类学概论、民族学研究方法、中国民族概论、世界民族概论。民族学学科专题讲座有：中国文化史、世界文化史、生态民族学、考古民族学、民俗学概论、经济民族学、民族理论与政策、宗教民族学等。

实践性教学环节包括参观访问、实地考察、社会公益活动、田野调查、论文写作等。

❈ 延伸阅读：民族学人类学研究机构

- 中国人类学民族学研究会（China Union of

Anthropological and Ethnological Sciences）是国家民委主管的全国性人类学民族学研究机构。中国人类学民族与研究会曾经在中国昆明承办了国际人类学民族学联合会第16届大会。这次大会的主题是"人类、发展与文化多样性",共有来自全球一百多个国家和地区的4 300多名学者参会。

• 中国民族学学会。中国民族学学会由中国社会科学院民族学与人类学研究所主管,主要任务是组织会员积极开展民族学研究,尤其重视对当前民族地区存在的现实问题的研究。

• 中国社会科学院民族学与人类学研究所。该研究所开展民族历史、语言、政治、经济、社会、生态、文化、宗教、文字文献和世界民族问题等学科基础理论与应用对策的研究;设有中国世界民族学会、中国民族理论学会、中国民族史学会、中国少数民族语言研究中心、西夏文化研究中心、海外华人研究中心、中国蒙古学研究中心和藏族历史文化研究中心;同时建立了民族学系,培养民族学人类学研究生。

★ **相关高校民族学人类学专业介绍**

厦门大学人类学与民族学系已有100年的历史,设

立人类学、民族学、考古学、历史学和语言学分支学科,拥有从人类学本科到人类学、民族学硕士、博士、博士后的完整人才培养体系。厦门大学在文化人类学、旅游与文化遗产、应用人类学、医学人类学、东南汉人社区、东南民族研究、闽台族群关系、南方民族史、民族艺术等领域研究成果卓著。

中央民族大学在民族学系基础上扩建为民族学社会学学院,研究中国各民族社会、文化、经济、历史、生态、考古等领域,设置民族学系、社会学系、考古文博系,建立了民族学本科、硕士、博士教学体系。

中山大学于1981年恢复人类学系,成为学士、硕士、博士三个层次教学点;2008年组建社会学与人类学学院,学院下设中国族群研究中心、人类学博物馆等十几个研究单位。

云南大学民族学社会学学院辖人类学系、社会学系与社会工作系;设有人类学博物馆、民族学研究所等5个研究机构;现有3个本科专业、7个硕士学位授予点与3个博士授予点。

身、心、性：如何认识民族？

> "另一个"（族群），即不同者。其不同表现在生活方式、存在方式、体貌（衣着、肤色）、语言上，有时很简单，就表现在一种不同的发音上。
>
> ——R. 塞尔维埃

M 博士：民族学是以整体论的视角研究各族群体质、文化和社会的学科。民族学学者到世界边远地区不同族群中长期体验当地生活，进行调查研究，确定了田野调查或田野工作的研究方法，形成了规范的实地考察方法，建立了完整严密的民族学学科体系，创办了专门的民族学学会和人类学期刊。同时搜集和展出各地各民族的历史文化文物，建立了民族学博物馆。

民族学及其二级分支学科与文化/社会人类学学科

多有重合之处。现代国际人类学一般分为"体质人类学""文化人类学""社会人类学""考古学""民族志"等几个分支学科。人类学学科涉及自然科学和人文科学多种知识体系。

▶ 体质民族学（体质人类学）研究

中学生：我小时候喜欢看神话故事，很熟悉"盘古开天辟地""女娲造人"的故事。神话说是女娲这样的神仙用泥土创造了一个男人和一个女人，然后繁衍生息了越来越多的黄色人。

M博士：这种神话传说实际上是远古各民族对人类起源的探索，他们试图从中发现人类的起源和人生的意义，但是这种探索只是一种想象，无法得到生物学、人类考古学的验证。

与神话不同，体质民族学（体质人类学）是实证的科学研究，通过生物遗传学对相关人类族群的专题研究，展现一百万年前由猿到人的漫长进化历程，阐释世界不同族群中存在的奇风异俗的社会文化根源，并力求从学科意义上解答这些困扰人类已久的问题。

体质民族学（体质人类学）着重研究人类种群生物特

征及其体质、疾病、基因等,民族学亦重视族群的体质特征及其进化的文化和环境因素。林耀华在《民族学通论》中讲道:"种族及其人类变异作为人类进化和发展中必然出现并长期存在的一种客观现象,一直是人类学和民族学研究的传统课题之一。"美国民族学家 F. 普洛格讲过,民族学"研究全球和历史一切族群的躯体与文化各个方面:从他们的牙齿如何形成、食物如何获取、房屋如何建造到儿童如何抚养"。

体质民族学(体质人类学)是要回答"我们是谁?我们从哪里来?我们要到哪里去?"的问题。体质民族学(体质人类学)又被细分成古人类学、种族人类学、人体测量学、人类遗传学、生理学、生态学和行为学、古人类化石及流行病学以及应用人类学等分支学科。

人类的进化

20世纪后期以来,国际上兴起分子人类学(Molecular Anthropology)。分子人类学通过检查不同族群的DNA序列,判断族群之间或之内的亲属关系;判断不同的人群是否属于同一基因组,是否发源于同一个地方。通过检测现代人mtDNA(线粒体DNA),可对某一人群的母系血缘关系、迁徙路线、历史名人身份提供一种认识途径,从而为追溯现代人类的起源与迁徙、不同族群的演化及疾病防治提出生物人类学的认识。中国第一所研究分子人类学的学术机构于2002年在复旦大学生命科学院正式成立,命名为复旦大学现代人类学研究中心。

❋ 延伸阅读:人类的起源

就人类从何而来的问题,人类学存在着两种相互对立的理论:其一是"单一地区起源论",认为现在的各色人种拥有一个近期(距今5万～10万年)的共同祖先;其二是"多地区起源论",认为晚期智人都是由世界各地的早期智人甚至是直立人演化而来的。各地人种在很久以前便存在着区域差别,他们各自平行发展、相互交流,最后演化成现代的各色人种。

分子人类学提出现代人起源于非洲的"夏娃假说"。分子人类学研究世界不同地区居民的DNA序列,将常染色体、性染色体和线粒体信息相结合,比较多个基因的差别,研究其变异过程。通过分析现今人类的 mtDNA,可将所有现代人的来源追溯到大约 14 万年前生活在非洲的一位妇女。她就是生活在地球上各个角落的人的共同"祖母"。约 13 万年前,这个"祖母"的一群后裔离开了他们的家园非洲,向世界各地迁徙扩散,智人的直系后代逐渐演化发展成现代人类。这就是著名的现代人起源的"夏娃假说"。"夏娃假说"通过研究人类体质特征与类型在时间上和空间上的变化及其规律,确认"单一地区起源论",即人类是一个统一的生物物种,他只能有一个祖先,不可能有多个祖先。

中学生:我在闲暇时观看奥林匹克运动会比赛时,总是疑惑黑色人种、白色人种、黄色人种的体质差异究竟是怎么形成的?体质民族学(体质人类学)研究这些问题吗?

M 博士:你提出的这个问题只有人类学利用遗传学的知识才能给出合理科学的回答。地球上人类的肤色、面部特征、体形各种各样。这种不同的人类群体又称人种,在英语中用 Races of Mankind 来表达。它所指的是"在体质形态上具有某些共同遗传特征的人群"。现代人不同人种间的体质差异主要体现在不同人种对地域及气

候的不同适应性特征上,也表现在身体的外表特征上:如肤色、面部特征、体型、强壮程度、运动能力等方面。人类学根据发型、头型、肤色、发色和眼色等特征,把人类划分为蒙古人种、欧罗巴人种、尼格罗人种和澳大利亚人种,奠定了划分种族的科学标准。因尼格罗人种和澳大利亚人种有许多近似或相同的特征,遂将二者划入同一个大种族,即尼格罗-澳大利亚人种。这样,现今一般将世界人类划分为三大人种和一些中间类型的族群:

• 蒙古人种于旧石器时代晚期在中亚细亚形成,中石器时代已扩展至东南亚、西伯利亚和美洲。蒙古人种最主要的体质特征:浅黄皮肤,黑而直的头发,胡须、体毛不发达,颧骨突出,脸庞扁平,鼻梁不高,唇厚中等,铲形门牙较多,眼睛黑色,一般眼外角高于内角,有内眦褶等。蒙古人种约占世界总人数的41%。中国人绝大多数属于蒙古人种,具有黄色人种的主要体质特征。

• 欧罗巴人种的体质特征:头发颜色不一,为柔软的波状发或直发,眼睛呈褐色、灰色或天蓝色,白色或褐色皮肤,再生毛发达,颧骨不明显,高鼻梁,鼻尖突出,颚骨较平(正位颌),薄唇等。欧罗巴人种主要分布在欧洲、北非、西亚和北印度,约占世界总人数的43%。

• 尼格罗-澳大利亚人种的体质特征：黑皮肤，黑卷发，褐色眼睛，颚骨略向前伸，颧骨不十分突出，阔鼻，唇厚，次生毛不多。该种族内部有两大分支，即尼格罗人种和澳大利亚人种，约占世界总人数的16%。

中学生：人类的种族体质特征是什么时候形成的？

M博士：种族在体质民族学（体质人类学）中所指的是"现代人"。体质民族学（体质人类学）研究认为，大约在距今6万年前的智人时代，人类已分布于各大洲，体质特征已基本明显；距今1.8万年以前，种族分布的基本格局就已大体形成，人类生存在相对固定的生态区域，不同区域种族的体质特征也大体形成，已经进化得与我们今天的现代人十分相似，这个时期的人类被认为是我们现代人的直接祖先。因此，人类种族是具有共同遗传体质特征的地理种群的概念。

人类的体质演变经过漫长的岁月，归根结底是自然选择与遗传因素共同作用的结果。达尔文进化论认为，"自然选择""适者生存"或"优胜劣汰"，促进了人类体质的演变与分化。

中学生：怎样理解人种的"自然选择"？

M博士：达尔文认为"自然选择"是导致生物进化的

关键因素。从进化的观点看,能够生存下来的个体不一定就是最适者,只有那些生存下来并留下众多后代的个体才是最适者。自然选择的过程中不断淘汰适应性差的生物,保留适应性好的生物,它是一种"变异－选择－遗传"的过程。比如说,非洲尼格罗人种适应炎热气候而形成深色皮肤与卷曲头发,以保护身体不受烈日伤害;北欧寒冷气候下的人们形成了浅色皮肤与头发;居住在亚洲腹地荒漠地带的蒙古人种,由于春天风沙多、冬天冰雪寒冷的气候,形成了蒙古人种的内眦皱褶,以防止风沙与雪照损伤眼睛。

而体质形态上的遗传基因则与生俱来,轻易不可能在一二代人身上发生变化。一对白人夫妇所生的孩子,依然是浅色的肤色与头发。不过人类可以为适应环境而学习生存技能,早期草原人每天为寻找食物而奔跑、骑马,森林人进行攀登、跳跃、采集、狩猎,农耕人学会挖掘,渔民学会游泳,形成不同生存环境种群不同的生存行为和学习能力。这种生存能力依然局限在人种体质能力极限之内,受制于遗传基因。现代社会,人们付出的体力越来越少,身体"结构"与"功能"发生背离,导致肥胖症多发。

进入 21 世纪以来,各民族生存的自然环境发生了重大变化。新环境或许促使文化与基因之间发生积极的相互作用,产生一种充满活力的生命创造力量,进而加快人类心智的进化,创造更复杂的生命形式。人类未来的进化很大程度上依靠的是知识、科学、心智活力。

❋ 延伸阅读:种族形成的环境与文化因素

世界不同种族的肤色与体型差异性是由环境的影响造成的:纬度越高,肤色越浅,寒冷地带居民肤色呈白色。身高、体重均值随纬度上升、温度下降而上涨,高纬度地区的人身材较高。食物种类、食物供给丰富度等因素对种族体质产生一定的影响,身体是否强壮与食物中蛋白质的丰富度有关。

族群文化是相互交流相互融合的,不同种族、不同民族都为世界文明的创造做出过贡献。所以不是种族塑造了文化,而是文明塑造了民族;地理、经济和政治环境造就了文化,而文化又创造了人类形态。(W·杜兰特:《历史的教训》)

中学生:有些国家时常出现种族歧视现象,种族歧视的理由是什么?真的有优秀种族或者低劣种族之分吗?

M博士:依体质民族学(体质人类学)之见,人种是具有共同遗传体质特征的人类群体,生物学上的人种都属

于同一个物种,即晚期智人亚种。人类种族之间在智力上并无特别的差异。现代人类种族的体质特征,即在双足直立行走、用发达的大脑学习和创造文化事物的能力等方面,没有根本差别,更没有先进落后之分。

人类在漫长的历史发展进程中,由于不同人种之间相互交往,相互迁徙,相互通婚,便出现了中间类型的"多种族人",即混血儿。今天,种族与民族的融合更为明显。例如,美国是一个多民族多种族的国家。现在美国的人口中,有白人、黑人、印第安人、西班牙裔的拉美人、亚洲人后裔等,是包含许多支系的族群共同体。各族群和各种族在经济活动和文化上交往、交流、交融,同时体质上也会相互接近,从而形成新的民族,创造新的民族文化。

中学生:哦,那我明白了,种族歧视言论是荒谬的。不过我看到在马拉松长跑比赛中,黑人运动员常常获得前几名,那么人种的体质极限与运动能力有没有关系啊?

M博士:人类学中,体育人类学专门研究各人种的体格强壮程度、运动能力和体育竞赛中的体质特长问题。例如,有关"种族与体育"的研究课题提出:在运动能力方面,白种人的绝对力量素质强;黑种人的奔跑和跳跃能力强,但是举重能力和游泳能力弱;黄种人在灵巧、技能和心智项目方面比较强,也极适宜举重、摔跤等项目。当然,这种运动能力的差异并不是绝对的,这里或许有人种遗传因素的作用,但是后天的科学训练和学习愈来愈发挥着更重要的作用。

❋ **延伸学习参考书:《人类起源的故事》**

《人类起源的故事》(*Who We Are and How We Got Here*),作者为美国大卫·赖克(David Reich),译者为叶凯雄、胡正飞,由浙江人民出版社2019年出版。全书阐释了尼安德特人、丹尼索瓦人与我们现代人的起源,印欧语系的起源,印度人群的混合,南岛语系人群的扩张,美洲土著的源流,以及众多新石器时代和历史时期古代人群的迁徙,提供了人类种族演变为文化族群的线索。

▶ **文化民族学解读**

中学生:可不可以这样理解:种族属于生物史范畴,是指体质形态上具有共同遗传特征的人群,是体质民族学(体质人类学)研究的对象;而民族则属于人类社会文化群体,是文化民族学(文化人类学)研究的对象。

M博士:是这样的。民族是指社会文化人群。民族

具有独特的文化传统与生存环境。研究这种文化传统的学科就叫作"文化民族学(文化人类学)"。自从 19 世纪人类学、民族学建立以来,文化这个词汇一直是民族学的一个中心概念。可以说民族学就是研究族群文化的学科。在民族学家看来,没有无文化的社会,甚至没有无文化的个人;人是社会的动物,亦是文化符号的动物。人与文化,族群与文化是民族学和人类学研究的主题。

我们说到的"文化",有的人只是理解为"知识",但是民族学把文化界定为人类的行为、习俗与信仰的总和,包括人类各个族群的历史、环境、风土、习俗、生计、生活、信仰、文学、艺术、规范、制度、价值、审美等。文化具有六个方面的特点:文化是一个族群共享的;文化是后天习得的;文化是整合的;文化是以象征符号为基础的;文化是适应性的;文化是变迁的。

民族学中称"民族""族群",一般是文化意义上的概念。民族学家用文化因素划分"族群",期望从不同文化视角观察各个群体。文化是族群的标志,族群是文化的载体。一个族群的生存方式、行为习惯、语言艺术、思维方式、价值观念和信仰体系,构成这个族群的基本特征,文化精神与民族特性互为一体,不可分割。

✹ 延伸阅读：春秋时代的五方之民

《礼记·王制》中说："中国戎夷，五方之民，皆有性也，不可推移。东方曰夷，被发文身，有不火食者矣；南方曰蛮，雕题交趾，有不火食者矣；西方曰戎，被发衣皮，有不粒食者矣；北方曰狄，衣羽毛、穴居，有不粒食者矣。"在这里指出了春秋战国时代作为"五方之民"的东夷南蛮西戎北狄，他们各有其不同的生境区、不同的生计方式、不同的文化习俗、不同的族源历史等，显然是对各个区域族群共同体的比较描述。

中学生：传统文化对中华民族共同体的形成起着凝聚作用。

M博士：是的，族群是一种"文化共同体"，即族群是"具有共同的种族、文化、宗教或语言学特性的共同体"。但是也有学者认为，族群是指某一群人"主观"建构的群体。比如，通过民族起源的神话和传说、民族图腾、民族祖先人物传说等，使之放大和上升，以满足组建具有共同的起源、共同的祖先、共同的神话、共同的仪式的族群历史元素需要，成为建构共同体的纽结。例如，历史传说中，有黄帝是各民族共同祖先的传说。

在中华民族形成过程中，国家起了主导作用。我国从秦汉王朝时期，已经形成统一的多民族国家；中华民族的统一和凝聚力的加强，与统一的国家作用是分不开的。另外就是传统文化的凝聚作用：中华民族在历史发展过程中，不断将周边各个少数民族融入进来，其主要因素是各民族对中华民族传统文化的认同，自觉将自己纳入中国文化体系。所以，民族一般是依靠文化规范组织起来的共同体，文化是人类后天学习得到的。

人可以通过后天学习文化融入新的民族，而种族的生理特征是遗传的。所以谈及族群、民族，必须谈及文化，没有文化就没有民族。另外，民族是属于群体性的共同体，是不同人群交流交往中组成的一个社会群体，离开了群体谈民族是没有意义的。

✻ 延伸阅读：中华民族多元一体格局

我国民族学家和人类学家费孝通先生于1988年提出了中华民族多元一体格局论，认为中华民族多元一体格局形成的特点是：

1. 中华民族多元一体格局存在着一个凝聚的核心，即从新石器时期的华夏族团，到秦汉时期在多元的基础上统一形成为汉族。

2.少数民族聚居地区占全国面积一半以上,主要是高原、山地和草场;少数民族中有很大一部分人从事牧业;汉族主要从事农业。

3.从语言上说,除了个别民族已经用汉语作为自己民族的共同语言外,少数民族可以说都有自己的语言。

4.导致民族融合的具体条件是复杂的,主要是出于社会和经济的需要。

5.组成中华民族的成员是众多的,所以说它是个多元的结构。

6.中华民族成为一体的过程是逐步完成的。中华民族包含着五十多个民族,虽则中华民族和它所包含的多个民族都称为"民族",但在层次上是不同的。而且在现在所承认的50多个民族中,很多本身还各自包含更低一层次的"民族集团"。所以可以说在中华民族的统一体之中存在着多层次的多元格局。(费孝通:《中华民族的多元一体格局》)

▶ 社会民族学介绍

中学生:请您介绍一下社会民族学。

M博士：研究一个族群的社会结构及族群关系的学科叫作"社会民族学"。主要研究的是人类族群的各种社会组织、结构、制度、功能及其形成的社会文化因素,例如亲属制度、社会政治制度、宗教、艺术、语言等方面的差异。我国社会民族学注重研究近现代族群关系、族群演变以及社会发展的规律性等问题。社会民族学一直重视各少数民族家庭、宗族、社会阶层及交往交流的演变,同时也关注汉族宗法社会的变迁。

中学生：一位民族学家曾讲:他到北极,遇见一个印第安人部落,部落男女老少相互怎么称呼的,出外狩猎怎么组织的,他怎么也搞不清楚。后来这位民族学家干脆住在部落,成为其中一个家庭的成员之一,才慢慢弄明白一个部落的社会结构。族群的社会结构对民族形成有什么意义呢?

M博士：民族学视野中的社会结构(Social Structure),是指一个国家、族群或地区社会成员的组成方式及其关系格局,包含族群人口、性别、家庭、社群、就业、分工、社会阶层结构等,其中社会阶层结构是其核心。国家的阶层结构与族群结构的交叉分析,为理解描述不同社会结构提供了基本方向。

中学生：我小时候读《三字经》，里面说：高曾祖，父而身；身而子，子而孙；自子孙，至玄曾；乃九族，人之伦。这是讲汉族传统的家族结构吗？

M博士：对，这是在讲汉族传统的亲属辈分观念，以本人为中心，上有四代长辈，下有四代晚辈，形成了"高祖、曾祖、祖、父、本人、子、孙、曾孙、玄孙"的"九族"血亲关系。如果把旁系的血亲关系和姻亲关系联系起来，便形成了一个庞大的亲属结构系统。汉族的亲属结构系统及其宗族社会影响，一直为社会人类学界所关注。

族群社会结构的核心是家庭，家庭是人类最早和最基本的社会群体形式，是社会的细胞。人类社会生活无法脱离婚姻与家庭的影响。社会人类学研究各民族家庭的历史演变和组成类型。

❋ 延伸阅读：婚姻与家庭的演变

根据人类学家摩尔根的研究：家庭是人类社会发展到一定历史阶段的产物。它的发展经历了四种形态：第一种是以血缘婚姻为基础的群婚家庭。它排除了杂婚方式，按照辈分限制婚姻关系，不允许不同辈分的社会成员结成夫妻。第二种是排除血亲通婚，由族内婚向族外婚

发展形成了"普那路亚家庭",是群婚制发展的最典型的阶段,它是两个氏族之间的群婚。第三由群婚制向母系氏族对偶婚的过渡形态。第四是一夫一妻制家庭,婚姻关系比较牢固。一夫一妻制在社会发展的不同时期有着不同的表现。现代社会的家庭,是以婚姻关系为基础,以血缘关系为纽带,并为社会道德和法律认可的社会生活的组织形式。

中学生:何谓宗族社会?

M博士:古代中原传统社会家庭、家族和国家在组织结构方面的同构性是宗法社会最鲜明的结构特征;由家而家族,由家族而宗族,宗族有宗法,然后扩展到国家。西周时期已经建立了宗法等级制度的政权形式,构筑了一个庞大、完整的宗法统治金字塔。周天子是天下的大宗,被分封的庶子,对嫡子的大宗来说,是为小宗,其他的庶子被分封为诸侯、卿、大夫、士。所谓"天子建国,诸侯立家",家国一体。

中学生:何谓阶层结构?

M博士:阶层结构指的就是社会等级结构,各国社会等级结构呈现不同特征。各国的发展经验表明,中等收入者占大多数的社会结构,即两头小、中间大的"橄榄形"

或"纺锤形"社会结构,是比较稳定的社会结构,也是理想的现代化社会结构。

而传统社会中的"金字塔形"结构,是少数人居于社会上层,中间呈过渡状,下层人群数量很大的社会结构。我国社会学家提出"倒丁字形"结构,即约有四分之一的人处在底层的位置上,其他群体则像一个立柱,群体之间有着非常鲜明的界限,在形状上类似于倒过来的汉字"丁"。如果是"倒丁字形"的社会结构,由于其下层群体数量更为庞大,而且下层与其他群体之间属于一种两极式的(或直角式的)连接方式,因而会导致社会群体之间甚至整个社会处于一种"结构紧张"的状态,容易发生社会问题和社会危机。

中学生:社会民族学是怎样阐释北方草原民族的社会结构的?

M博士:民族学家注意到古代草原民族阐释"社会"时视野广阔:既包括人与自然、人与族群、人与神灵之间的关系,又指悠久的过去、现在、未来的延续。古代草原民族根据天、地、人相依相存的三界宇宙观,建构了层次秩序井然,协调对应草原族群环境的社会生态结构。草原族群环境结构是一个立体世界,分上、中、下三界,每一

界又分神灵、人类族群、不同生物;圣山是贯穿宇宙三界的天柱,称之为"宇宙山"或者"天山",圣山是连接天上、人间与地下的阶梯,贯穿了草原族群的过去和未来。

中学生:草原民族历史上的社会组织是怎样的?

M博士:各个民族在历史上形成了各自的社会结构和社会组织。早期传统的北方森林草原族群的社会最小单位是家庭,数户家庭组成"瓯脱"(音 otuo),如同一个互助组,成员共同劳动、共同生活、共同狩猎、共同放牧;男性成员主要承担放牧和管护工作,而女性成员则主要承担畜产品的加工和储备工作;各个"瓯脱"散布于一定草场上,组成部落群"鄂托克"(音 otog)游牧社群。如17—18世纪青海蒙古分为江河源、青海湖、柴达木地区八个鄂托克。

天、地、人：民族学学科介绍（一）

人法地，地法天，天法道，道法自然。

——老子

中学生：民族学的学习是从各个分支学科入手进行的吗？

M博士：对，下面我们将分门别类地介绍民族学各个分支学科。

▶ 生态民族学

中学生："生态民族学"的提出可能与全球生态环境恶化有关系吧？

M博士：没错，生态民族学正是致力于人与生态环境之间复杂关系的研究。生态民族学是20世纪后期以来

兴起的民族学分支学科。它与现在整个人类生存环境状况息息相关。生态民族学知识对指导人类如何建构生命的可持续发展、保存文化多样性有重要意义。

我们常说的"生态",实际上是生态学的一种建构,生态学是用以研究生物及其环境间复杂联系的一门学科。而生态民族学的研究将民族与生态环境视为一个"生命共同体"做整体的研究,探讨历史上各民族与生态环境相互依存、互为作用、同生共长的客观历史演变过程,寻找人与自然环境和谐相处的途径、方式。

中学生:生态民族学如何认识我国古代生态文化?

M博士:远古以来我国各民族在适应不同生境区的过程中创造了利用生物资源、保护生态环境、保持生计稳定的生态文化系统,谱写了各民族创造生态文明的历史篇章。例如,创建了敬畏自然的生态宇宙观和价值观;宽容、善良、诚实、俭约的道德观;天—地—人相依相存的游牧农耕生计方式,如草原游牧方式、森林游猎—狩猎—采集生计、中原农耕方式;等等。

中学生:如何认识中华民族生态宇宙观和价值观?

M博士:我国生态民族学注重研究新石器时代以来我们祖先的原生态文化。中华民族传统生态文化价值观是建设现代生态文明的内在源泉。春秋战国时期的道家学说被认为是最具生态哲学的思想学派；儒家建构了大同生态宇宙观的理想。汉代大儒董仲舒在《春秋繁露》中提出：天、地、人，万物之本也；天生之，地养之，人成之。这一时期还出现了"五行"说。"五行"说提出金、木、水、火、土的"宇宙本原说"，其实也是一种生态因子系统。古人以五行元素构成了一个生态网络，又与四时相生相统一：如春天属木，夏天属火，长夏属土，秋天属金，冬天属水。

古代北方草原民族信仰系统中，土神、水神、气神、火神、石神等自然神在森林草原生态环境中成了神圣力量的象征，土地、森林、草原环境与大地女神同生共长，如同母亲一样都是生育之源，是生命力不衰的永恒母体。草原民族以此来表达对自然的感激之情，对宇宙的敬畏之心。

✽ 延伸阅读：中华民族传统生态文化价值观

2018年习近平总书记在全国生态环境保护大会上指出，中华民族向来尊重自然、热爱自然，绵延5 000多年的中华文明孕育着丰富的生态文化。生态兴则文明兴，生态衰则文明衰。明确指出了中华民族传统生态文化的核心地位和在文明建设中的巨大作用，所以传统文化蕴含了生态信仰观、生态价值观和生态伦理观。生态人类学

研究是对我国传统生态文化的传承与发展,也为新时代生态文明建设提供了指导思想。

★ 北方民族传统生态文化

中学生:请介绍一下我国历史上各民族的生态文化。

M博士:人类文明的历史实质上也是一部人类生态文化史,即人与自然之间关系的历史。我们可以把历史上的各民族生态文化分为森林生态文化、草原生态文化和农耕生态文化,从中看看人们如何理解与感知生态环境,探讨各民族在不同历史时期特定生境—文化区所创造的生态智慧。

➡ 富有开创性的森林生态文化

新石器时代以来的东亚族群大多生活在森林地带,以采集、游猎和狩猎的方式为生,这是一个长达数万年的漫长时期。到新石器时代后期,我国森林边缘区的森林族群普遍开始驯养动物和种植作物,产生了畜牧、农耕与狩猎结合的生计方式,在此基础上形成了森林生态文化。

我国东北地区森林族群历史悠久。早在铜、石器并用时代,东北森林族群的祖先就居住在从西伯利亚到兴安岭长白山一带。按史学界研究,历史上东北地区森林族群可以分为古代的肃慎、挹娄、勿吉、靺鞨、鲜卑、柔然、室韦、女真等；近代传承的有满、赫哲、鄂温克、鄂伦春、锡伯诸族。森林族群在森林地区生存近3 000年，他们建立的森林文化传统是一种敬畏生命的生态伦理观。森林族群的生活节奏缓慢而简约，狩猎、采集、渔猎、农耕的生计方式不是单一的，而是混合的和多样的。

民族学家研究提出：森林狩猎者最早饲养的动物可能是狼，狼在狩猎者营地走来走去，捡拾骨头，于是猎人捕获它，训练它进行狩猎和看守营地。之后经过数百年的驯化，将野狼驯化为牧羊狗，将野猪培育成为家猪，将野牛训练为黄牛，将岩羊驯化为山羊。这些饲养的动物都是森林环境或者森林—草原边缘农田区域的动物。

8世纪以来东北森林区域各个族群的生计方式呈现多样性。他们运用狩猎、渔猎、采集、畜牧与农耕等不同生计方式，建立了与当地生态环境和森林草原资源相适应的循环节律，实现了从"游猎"到定居的转换。那些在南部森林边缘从事农耕、狩猎的族群逐渐将对外贸易作为谋生手段，以前进行狩猎活动的族群成功地把野鹿关起来饲养，为的是把鹿茸割下来卖给中原人做药材。

森林族群以森林山地环境命名族称。兴安岭、长白

山山脉长达几百公里,是厚重的生命共同体存在,山岳之上的森林则是山体生命力的象征。东胡诸族的乌桓、鲜卑、柔然、契丹、室韦等北方民族都是"以山命族""以林命族";从大小兴安岭、长白山、阴山山脉、阿尔金山脉,以及天山山脉的原始森林中走出来的各北方民族的祖先都曾经生存在森林环境中,与森林有着千丝万缕的密切关系;东北森林族群"勿吉""靺鞨"皆得名于"窝集"森林盆地,与"窝集"相关;兴安岭北麓寒冷森林的鄂伦春人以追逐驯鹿进行游猎,被称为"使鹿鄂伦春"。

民族学家观察到:生存在森林生态环境中的各个族群是崇敬森林的民族,一直坚持敬畏森林的传统,创造了森林信仰的生态文化;在高度现代化的今天,拥有较高森林覆盖率的民族成为资源丰富、环境优美、文明进步的象征。北欧的原始森林一直得到保护,森林覆盖率在60%以上。历史上的俄罗斯东南部到西伯利亚有森林民族生存,他们将森林视为体现宇宙信仰的神圣物。北美各区域的印第安森林族群在历史上坚持森林生态环境的多样性与族群生计文化的多元化,印第安森林族群创造了保护森林区、合理利用森林资源的森林生态文化。

森林民族认为森林环境最能表现出一个朝气蓬勃、奋发有为民族的形象。森林生命的多样性、欣欣向荣的生命力，代表一个高尚典雅民族的形象。许多欧洲国家始终维护高大乔木的生长，将森林作为国家永恒的生态资源精心保护。

➡ 适应草原环境的游牧生态文化

9世纪的北方草原游牧民以敕勒语歌唱道："敕勒川，阴山下，天似穹庐，笼盖四野。天苍苍，野茫茫，风吹草低见牛羊。"表现的是辽阔的蒙古高原草原生态环境。而草原游牧民过着"穹庐为室兮旃为墙，以肉为食兮酪为浆"的游牧生活。

北方草原是游牧民族生存繁衍的家园，是游牧生态文化产生的环境基地。草原游牧已有3 000年的历史；草原民族创造了既保护草原生态环境又持续利用草原资源的最好途径——游牧方式。

自公元前10世纪前后到公元3世纪，在欧亚大草原形成了游牧族群；我国北方草原先后有匈奴、乌桓、柔然、东胡游牧民族；西北有乌孙、月氏、丁零、突厥、回纥等族；青藏高原有羌、吐谷浑、党项族；13世纪初，蒙古民族统一融合蒙古高原突厥游牧部落、契丹、女真族以及边缘区农牧民，最终形成北方草原游牧民族共同体。

草原学者的研究认为游牧生计方式是指以游牧为生

的族群一年四季放养牲畜、依赖游牧而生存的方式。游牧发生在北方纯粹的典型草原与高寒草甸生境区,游牧在牧民全部生产活动中居主体地位;牧民一年四季在草原固定区域季节性游牧,族群部落全部人口投入游牧,数年之后在长距离迁徙中组合新的族群。

  草原牧民驯养了野马。驯化野马是西北游牧民族诞生的标志。公元前5世纪,匈奴在西北草原地区驯化了野马。草原盆地的游牧族群以放牧马、黄牛、山羊、骆驼为主。在芨芨草滩,最适宜放牧的是山羊(也称亚马、加拉、驹羖),只有山羊能啃食有韧性的芨芨草。湖泊周围及山坡宜放养马匹;河流两岸草地宜牧牛群。无论是古代塞族、匈奴,还是近代蒙古人都不曾养猪。20世纪前期,在天山草原游牧的哈萨克族放牧的主要是母马、母牛及羊群。

  古代生活在黄土高原、河湟谷地、河套平原、燕山南麓的各民族培育了畜牧与农耕相结合的混合生计方式。畜牧是草原边缘区农耕族群圈养家畜的一种方式,饲养家畜一为畜力耕作;二为农田积肥;三为衣食住行中畜产品的使用,畜牧只是农耕生产的补充。

➡ 农牧边缘区的多样性生态文化

  人类学家明确提出了北方存在一条生态差异分界

线,成为北方环境、人口及生计边缘生境区的重要界限。(1)河流外流域和内流域的界限:北起大兴安岭西麓,经内蒙古高原南缘、阴山山脉、黄土高原北缘、青藏高原东南缘。(2)北方森林区与草原区的分界线:自大兴安岭地区到辽西、肃南、晋北、陕北、冀北、川北再到青藏高原东南部现存在着一条广大森林分布地带界线。(3)人口分布线:20世纪30年代,胡焕庸提出以连接西南的腾冲、东北的黑河的线为界。此线以东区域人口分布占绝大多数,以西区域人口比重仅为4%。

考古发掘证明:最早的原始农耕文化,不是起源于地理环境较优越的平原流域,而是起源于高原边缘山麓高地和河谷谷地,大体上是在上述边缘生境区内的草原过渡地带,各族群大多采取原始农耕、狩猎与采集或者游牧、狩猎与农业的混合方式。新石器时代的黄土高原培育了粟;西域绿洲农业区培育了小麦;辽河流域培育了谷子和糜子(在赤峰兴隆沟遗址发现了8 000年前的粟和黍);青藏高原"一江两河"流域培育了青稞和燕麦;高原东北部边缘区的祁连山山地与河湟谷地的戎、羌、吐蕃运用狩猎、游牧、农耕生计方式;西部游牧的先零羌在中西部草原区域主要牧养牛、马、羊和骆驼等;东部河谷地区畜牧牛、骡、驴等,同时也种植少量青稞、燕麦。

✳ 延伸阅读：青藏高原族群农耕生产仪式

  青藏高原族群的生计活动与其说是生产活动，不如说是一种仪式：一种与天地及自然神灵相互协调的仪式。青藏高原"一江两河"流域的猎耕牧族群每年举行生产性的祈祷仪式：春天举行春播节，由一个与当年属相相同的妇女穿上节日盛装，将准备好的茶酒、经幡、香炉带到破土耕地之处祭祀土地神，之后每户带来一对耕牛，由该户主妇撒出吉祥种子，然后开始翻耕。夏天举行旺果节，全村乡民身穿新衣，手捧祭香和旗幡，围绕庄稼田地虔诚地转圈行走。秋季举行祈祷活动。收割前，请几个喇嘛先割一些庄稼，捆起来插在房顶四角敬神的地方，然后农民们才能开始收割。冬季举行祭丰收女神活动。每户的妇女着节日盛装，带上贡品和青稞酒，来到自家最好的一块庄稼地里，煴烧青草香枝，高喊三声"洛雅拉姆，洛雅拉姆（意为丰收女神），请用餐吧"以祭拜丰收女神，请求保佑庄稼丰收，力求表达实现生殖、生产、生长的愿望。

  （陈立明，曹晓燕.西藏民俗文化.北京：中国藏学出版社，2010）

★ **选择适应生态环境的生活方式**

中学生：您在前面说过，适应自然环境、遵循生态规律的人生是一种最佳的人生。那么，历史上的各民族曾经有这样的生活方式吗？

M博士：一般将个人的生存方式称为生活方式，将一个族群的生存过程称为族群生计方式。民族学家将世界上不同族群、不同地区的生计方式演变概括为六种模式：狩猎与采集、园艺农耕方式或者粗放农耕、畜牧与游牧方式、精耕（借助生产技术和工具提高产量）农业、工业化、信息化。

我国各民族大都经历了这些不同的生计方式，民族学家认为各种生存模式都有其合理之处。

中学生：一般人谈论古代森林采集狩猎社会时，往往以为采集狩猎人巢居穴处，茹毛饮血，原始野蛮，生存艰难而寿命极短。民族学家是怎样看待这种近乎"天经地义"的观点的？

M博士：表面上看森林族群的游猎生活是简朴而艰苦的。但是民族学家考察后却得出另外一种相反的结论：森林族群多样性、低生产率、低消耗率的生计方式是

一种稳态、持衡、多样性的生态方式。森林狩猎生活方式占了人类文明史跨度的80%,是目前人类已经获取的最为成功和持久的生计方式;而且森林族群创造了采集、渔猎、狩猎、畜牧多样性生计方式,合理节制地利用了森林资源,开创了持续生存的基础。

森林族群游猎的对象只是森林中的动物而不是土地和森林,游猎传统使森林族群在一年当中的大部分时间外出行猎,因此难以圈画一块森林自称为私有土地。自铜石器并用时代以来,东亚森林族群的祖先生存在从西伯利亚到兴安岭长白山一带。按史学界研究,历史上东北森林草原地区先后生存的族群有:肃慎→挹娄→勿吉→靺鞨→女真→满、鄂温克、鄂伦春等族;东胡系统的鲜卑、柔然、室韦、蒙古等族。森林族群的名称在后世人的记载中不断更换,他们的生计方式也经历了从游猎到定居狩猎,再到畜牧、农耕、狩猎多样化生计方式的转换过程。

→ **森林族群创造的八种生计方式**

中学生:能阐释一下古代森林族群的生计方式特征吗?

M博士:森林生态系统是陆地最为完善、繁荣和多样性的生态系统,森林生态因此协调有序。森林生物的多样性为森林族群创立低碳、小型、健康、稳定与和谐的生态文化提供了基础。

早期森林族群是游猎者,游猎是追随森林动物迁徙的一种狩猎活动。森林族群跟随森林动物的迁徙而游猎,正如北极的狼群跟着北极鹿转移一样,这是一种生存本能,也是一种生存策略。人群追随驯鹿,驯鹿追随苔藓;苔藓、青草又是阳光、水域的产物。森林生态圈这些生态因子之间互为因果,构成相互储存的生态链,森林族群只是其中一环。民族学家将历史上森林族群利用森林生态圈所创造的生计方式总结为八种类型:

• 早期的森林游猎方式。19世纪以前埃文克人、布里亚特人是游猎的族群。他们游猎追随的鹿属于森林动物,如梅花鹿、麋鹿、狍、驼鹿、驯鹿等;此外,还有有蹄类的狍、野猪、原麝和青羊等疏林草原动物。森林族群在生境区内定居,进行季节性游猎。

• 放养驯鹿的游猎方式。19世纪以前的北方鄂温克、鄂伦春猎民追随驯鹿。驯鹿在长途迁徙中,寻觅青草、苔藓,一边吃一边走;在迁徙过程中脱掉旧皮毛,生出新绒毛。一直到终点,以全新的面貌出现在新的生态环

境区。而游猎人全家一直在跟随鹿群,采集野菜,猎取野兽,惊喜于新天地的相遇。

• 极地驯鹿游猎方式。北极地带历史上追随驯鹿的族群(如萨米部人、萨哈人和鄂温克人)有着相似的游猎方式。这些族群主要依靠捕食驯鹿汲取营养,每年追踪驯鹿而迁徙,与驯鹿共同游走是他们的生活内容。萨米部族在20世纪前期依然依靠驯鹿生存。他们每年驱赶数千头驯鹿进行集体迁徙,从挪威进入芬兰,耗时长达两个月。萨哈人会驱赶大群驯鹿穿过雪原,完成一年一度的迁徙,行程数百英里。

• 狩猎族群的衣、食、住、行。森林鄂伦春、鄂温克狩猎族群以捕获的狍子、犴、鹿、野猪及各种飞禽、鱼类等为食。他们将水和野兽的肉块同时放入桦树皮桶内,然后将被火烧红的石头置入桦树皮桶里,反复操作数十次,直到水开肉熟为止。森林族群男女老少一年四季的穿着主要为皮衣。皮衣多用猎获物狍子的皮来制作。鄂伦春人还穿皮裤,也是用狍皮缝制的。鄂伦春、鄂温克人的传统居所被称作"斜仁柱",是一种简陋的圆锥形房屋。"斜仁柱"的搭木多采用桦树或者松木。森林族群用摇篮抚育婴儿,选用茂密的稠李子树林中的树木制作;孩子出生十来天就要放到摇篮里,一直到孩子学会走路。

- 女真奉行狩猎、渔猎、采集、畜牧、农耕的混合生计。公元12世纪以来,东北平原各个族群在狩猎、渔猎、采集、畜牧与农耕等不同生计方式之间游弋,实现了从"游猎"到定居的转换。15世纪以前的女真各部均以农耕、渔猎、畜牧和采集为生。"打围放牧,各安生业""农猎兼资""有良田可耕,有水陆渔猎之所,生生之乐"。

- 江河流域族群以渔猎为主导。东北平原大小江河纵横交错,江河流域的肃慎、挹娄族群依靠江河生物资源生存。18世纪的赫哲族人居住在黑龙江和乌苏里江流域,他们以耕猎为生,在鱼汛期则捕食大马哈鱼(鲑鱼)、鲟鱼和鳇鱼。

- 满族人的林中生活。近代满族人集中生存的山林资源丰厚、动植物物种繁多。那时候的山岭水域"棍打野鸡瓢舀鱼";满族人"近水是为吉、近山是为富",二三十户人家聚居在一起,成为一个窝集(村寨)。民居房顶呈人字形,卧室南、西、北三面炕,俗称弯子炕,以供坐、卧,炕洞与烟囱相连。人们夏耕小块农田,冬进山林围猎。

- 林中人室韦。10世纪前的内外兴安岭中室韦"林中人"生活在森林,游猎森林动物,采集森林草木,视森林为纯洁、美丽、安静、丰富多彩的生境区;狩猎鹿、狍、青

羊,食用野生菜蔬、菌类和果品,野葱、野芹菜、野韭菜、柳蒿芽、黄花、木耳、蘑菇、红豆、都柿、稠李子、山楂是森林中常见的采集品种。他们去世时安葬在森林树木之上:《魏书》记载,室韦人在族人死后,将其尸置于林树之上。这是森林族群普遍的丧葬方式。

➡ **草原民族八种游牧方式**

中学生:历史教科书上说:游牧民族的迁徙是为了掠夺财富;学习民族学知识以后,我感觉似乎不一定是这样的。

M博士:历史虽然漫长,但是不同历史时期的人们追寻生存意义的心理却是共同的。公元前200年的某一节点,中原与北方草原之间的边缘生境区有不同族群在来回迁徙游走,一位智者看着大道上熙熙攘攘的人群,便发问:大家忙忙碌碌,跑来跑去在寻找什么?回答:都是为了争夺利益(司马迁在《史记·货殖列传》中说:天下熙熙,皆为利来;天下攘攘,皆为利往)。如果此答案放在未能远谋的权贵者的行为目的上或许也是对的。但是几千年来游牧游猎族群的迁徙目的不一定是纯粹的利益。

人类的诞生成长过程也是迁徙游走的过程。长途迁徙中激发顽强的内在生命力,延续生生不息的生存活力,这是10万年来现代智人诞生和生存的价值体现。从石器时代以来，人类为寻找合适的生存环境而游走四方，猎取动物，培育后代勇敢而进取的生存能力。人的生命力是在奋斗中迸发出来的。游牧族群的流动迁徙传承了数十万年来人类生存竞争的体质基因与文化传统。

野生动物大多是周期性迁徙的。羌塘高原的藏羚羊在向西北太阳湖荒野大规模的迁徙中生育羔羊，小羊羔一出生，便要冒着被野狼、苍鹰叼走的危险，在荒野上跟随大羊奔跑颠簸——它们没有选择在温暖山洼生存休息，而是出生在风险四伏的迁徙路途中。

青海湖的湟鱼不是在辽阔、自由、食物丰富的大湖中生育，而是选择在从高山流向湖泊的河流之中。它们逆行游向河流源头，在寒冷的激流中孕育自己的后代。小鱼出生以后又在充满惊涛骇浪的高山河流中返回湖泊。动物的这种经历向人们提示：生于忧患而死于安乐。生物生命的价值在于努力奋斗，向死而生。

草原游牧于牧民个人而言，是牧民生存的本能；于草原族群而言，是形成统一民族的需要。游牧族群成为游牧人，是因为他们是流动迁徙的；一旦停止流动，禁锢于一地不动，游牧人的生命也就终止了。对于一个族群而

言,周期性的迁徙培养了牧民适应新环境的能力,激发了牧民顽强奋斗的生命力,可以协调各个族群形成其团队行为,凝聚力量,团结一致,强化了统一族群集体荣誉感。

以下列举草原族群八种游牧方式:

• 公元1世纪～4世纪,匈奴曾经有400年的东西方迁徙活动。早期汉籍中称"匈奴"为"胡"。公元1世纪以来,分布于阿尔泰山以东的北匈奴向西大迁徙,进入伊犁河流域;公元3世纪初迁徙到锡尔河流域的康居与中亚地区。游牧的匈奴人在迁徙狩猎中获取猎物,训练军队,练习擒拿技巧,模仿猎物。虎的凶猛、鹰的俯瞰、豹的敏捷、狼的机智,在长途围猎的生命力运动中得到充分展示。

• 公元元年前后,青藏高原的西羌族群按季节迁徙。天气温暖时,西羌族群迁徙到青海湖以西的高原草地;天气寒冷时,西羌族群迁徙到黄土高原山洼平原。在迁徙征战中,他们以战死为吉利,病终为不祥。来自中原的文人赞叹道:他们堪耐寒苦,同之禽兽。虽妇人产子,亦不避风雪。性坚刚勇猛,人们以为得了西方金行之气。

• 13世纪的草原蒙古人向西征战,占领许多城镇,但他们依旧希望回到草原,过草原游牧的生活。史载,当年成吉思汗与王子们谈论什么是最快乐的事,四个儿子的看法有一点是共同的:建立了广阔的国家后,走向草原以打猎、游牧为乐事。成吉思汗曾经说过:如果有一天我的子嗣放弃了自由自在的游牧生活,而住进用泥土造成的房屋,那就是游牧人的末日了。

• 契丹人创造了四时捺钵轮牧方式。从 9 世纪到 12 世纪,统一北方草原的游牧民族是契丹。契丹"四时捺钵"的循环游猎、游牧方式是北方民族生态文化史上的一项创举。《辽史》描述契丹国幅员广阔,是东至于海、西至金山的草原大国。契丹贵族分地而居,四时捺钵,循环游猎:春季,游牧团队离开京城,驱赶牛羊,一边行走,一边游牧,每日行走 10~15 公里,连续行走 15~20 日,到达鸭子河畔;夏季,游牧团队北上吐儿山,前往河源高山,在此游牧、采集、游猎;秋季,游牧团队主要是狩猎,晨出暮归,从事弋猎;冬季,大队人马回到气候温暖的平原,多于此坐冬,开会议事或者外出狩猎。他们年复一年,竟持续游牧游猎上百年。

• 公元前后 400 年的鲜卑南迁,是从森林转移到草原自然环境、从狩猎变更为游牧再到农耕生计方式的过程。在公元前 3 世纪以前,拓跋鲜卑在西伯利亚—兴安

岭到长白山一带的森林游猎、渔猎;公元前 2 世纪,拓跋鲜卑南迁到大泽森林边缘区,在此生存 300 年左右;公元 2~3 世纪,鲜卑首领檀石槐在草原上建立起一个强盛的帝国,发展到 10 万人口。公元 4 世纪后期到 5 世纪,鲜卑族群先后进入河套平原、黄土高原边缘区域,改国号为魏,建立拓跋鲜卑的北魏王朝,从此告别游牧方式,而转向中原定居的农耕生计方式。之后百年间拓跋鲜卑民族完全融合于汉民族之中。

• 吐谷浑从呼伦贝尔森林出发,经过阴山—陇山—白兰山,向西迁徙到达西北高原黄河源头的白兰草原,一共历经 36 年。就一个人而言,这 36 年不停息的迁徙游走,从少年成长为中年;就吐谷浑一个族群而言,则是壮大成为独立民族的 36 年。《宋书·鲜卑吐谷浑传》较早地记载了吐谷浑族的迁徙。吐谷浑族是森林族群鲜卑的一支,一直生存在兴安岭南的森林区域。后来发生两个王子——吐谷浑与慕容若洛廆——驱马进行格斗的事件,意味着因草原狭小而引起森林族群与草原族群的资源争夺矛盾。吐谷浑王子组织数万牧民自 3 世纪末迁居阴山南麓,至 4 世纪初迁出该地,在此驻居了 20 年左右的时间,在今天森林草原交界的狼山、乌拉山、大青山一带放牧。然后西迁经鄂尔多斯东南缘的黄土高原而到达陇山，驻牧约15年，最后到达青海柴达木盆地的白兰（另一说法是到达今巴颜喀拉山）。

• 自公元前2000年以来，湟水流域的游牧民沿湟水河谷进行季节性迁徙，夏季迁徙到青海湖草原游牧，冬季返回湟水河谷畜牧。西北生态边缘区没有纯粹的农业，也没有纯粹的农民。河谷的居民从来都是小块地的农耕者、几头牛羊的畜牧者、闲暇时的狩猎者。直到20世纪，湟水上游的游牧牧民夏季长途迁徙到青海湖盆地、祁连高山草原放牧藏系绵羊、牦牛与犏牛，到冬天返回湟水谷地避风之处。这既利用河谷草地，也为河谷农民提供牛羊粪作为燃料，为农田积储牛羊粪有机肥料。在定期的迁徙、狩猎、采集过程中游牧牧民的生活充满色彩，生命力得到焕发。

• 蒙古高原的游牧民族是草原生态环境培育出来的特殊的族群。蒙古人在高原游牧一千多年，与草原环境高度协调。游牧人的眼力、听力都很好，善于观察天气、观察草场、观察牲畜，倾听自然声响，具有敏锐的洞察力。《蒙古秘史》记载：草原蒙古人灵敏的嗅觉使他们能感知到很远处的火；只要在动物的洞穴口嗅上一嗅，便知道兽类是否在洞里；凭借发达的听觉器官，他们只要横卧在地上，一只耳朵贴在地面就能听到从远处传来的马群奔跑

声,能辨出敌人驻扎的地方,还能找出畜群或迷途牲畜所在的地方。

游牧民族在与草原生物的交流中开阔了自己的宇宙想象,在长生天信仰中汲取精神力量,激发顽强生存的生命力。19世纪的旅游者观察到:在最严酷的冬天,刮着凛冽的西北风,可是蒙古人却无所畏惧。他们照样赶着运茶的驼队,整日整月地行进在商道上。

➡ **农耕社会的六种理想社会蓝图**

中学生:我出身于汉族家庭,我从古诗文中感受到中原文人描述的汉族农耕理想社会也颇为浪漫有趣。

M博士:对,汉族农耕生计方式也是人类学研究的对象之一。民族学从古人的描述中,总结出我国华夏传统农耕社会的六种理想社会蓝图:

• "自给自足"的理想社会:《抱朴子·诘鲍篇》等文献中,思想家鲍敬言赞扬远古原始的理想社会:远古之世,无君无臣,穿井而饮,耕田而食;日出而作,日入而息;泛然不系,恢尔自得,不竞不营,无荣无辱。山无蹊径,泽无舟梁。川谷不通,则不相并兼;土众不聚,则不相攻伐。这是一个封闭自足、自然无为、小型简单的农耕理想社会。

• "小国寡民"的社会生活:小国寡民即无为而治。

《老子·八十章》阐述道：小国寡民，使有什伯之器而不用；使民重死而不远徙；虽有舟舆，无所乘之；虽有甲兵，无所陈之；使民复结绳而用之，甘其食，美其服，安其居，乐其俗；邻国相望，鸡犬之声相闻，民至老死不相往来。在老子构想的这种"小国寡民"的社会里，国土狭小，人民稀少；但是人与人之间没有争斗，生活简单淳朴，人们彼此互不干扰，相安无事。小国寡民与其说是对远古的回忆，不如说是对未来理想社会的憧憬和建构。因而老子的"小国寡民"社会不一定是企图使历史倒退回原始社会的空想。老子理想的社会主张无为而治，让百姓享受自然平静的生活而不加以干扰。百姓似乎感觉不到或忘记了权威的存在，过着自然而然的生活。

- 世外桃花源：东晋诗人陶渊明的《桃花源记》描述出一个没有罪恶的理想社会，给我们展示了一幅知足常乐的画面——话说有一武陵人出外捕鱼："忽逢桃花林，夹岸数百步，中无杂树，芳草鲜美，落英缤纷。渔人甚异之，复前行，欲穷其林。林尽水源，便得一山，山有小口，仿佛若有光。便舍船，从口入。初极狭，才通人。复行数十步，豁然开朗。土地平旷，屋舍俨然，有良田、美池、桑竹之属。阡陌交通，鸡犬相闻。其中往来种作，男女衣着，悉如外人。黄发垂髫，并怡然自乐。"这才是"诗意地

栖居"的理想小农社会,也是老子的"小国寡民"的另外一种版本。

• 儒家建构"天下为公"的大同世界:《礼记·礼运》中以子游问而孔子答的方式,描绘了孔子期望的社会:大道之行也,天下为公。选贤与能,讲信修睦。故人不独亲其亲,不独子其子,使老有所终,壮有所用,幼有所长,矜、寡、孤、独、废疾者皆有所养。男有分,女有归。货恶其弃于地也,不必藏于己;力恶其不出于身也,不必为己。是故谋闭而不兴,盗窃乱贼而不作,故外户而不闭,是谓大同。

《礼记·礼运》表达禹以前的"大同"社会是没有私有制的"天下为公"的时代;而把禹以后的社会称之为"小康"社会,有了私有制、有了国家便成了"天下为家"的时代。因而,其主张信仰天道,克制人间私欲,向往"天下为公",使国家、君主、社会与个人形成一种普遍的社会道德和行为准则,建立亲亲而仁民、仁民而爱物的理想社会。

• 邑、郊、牧、野、林、坰:周代微观生境区规划。《尔雅·释地》中描述商周时期的生境区规划图是:邑外谓之郊,郊外谓之牧,牧外谓之野,野外谓之林,林外谓之坰。这是一种大生态观下井然有序的生态规划图。

邑,是指国都;国都城之外是郊,郊是农田区,进行耕耘；郊外谓之牧，牧是草原区，可放牧；牧外谓之野，野是疏林灌木草原和森林地，还有沼泽地；林外谓之垌，林外最远野是垌，是狩猎游牧族群生存之地。

一般"近郊五十里，远郊百里"。殷商与西周时期都城周围郊外一百里以内的农田可以耕耘；游牧的大野可能是五百里左右。五百里以外则是广袤的森林盆地。

• 井田制的土地制度与使用规划：西周时期，农村公社兴起，井田制度形成。井田制实际上表现为国王所有制。《卜辞》中象形文字的"田"是由一个四方四正、划分规整的方块田所组成，表明殷商时期把田划分成一块块相等的方块，分给一个个村社成员耕种。这正是井田制下土地划分的形式。

《诗经·小雅·谷风之什·北山》中也有记载："溥天之下，莫非王土；率土之滨，莫非王臣。"西周农村公社的井田制，八家为一个公社，由八家共耕其中的公田。井田分为"公田"和"私田"，农民必须先从事公田劳动，然后才可以从事私田劳动。公社农民的春种、夏耕、秋收都在田野里进行，邑无闲人，期望达到"出入相友，守望相助，疾病相扶持，则百姓亲睦"的社会效果。战国时期随着私有制的兴起，土地被王侯割据，井田制随之消失。

▶ 环境民族学

中学生:"环境民族学"学习哪些内容?

M博士:人类文化是建立在生态环境的基础之上的;环境民族学是生态环境学与民族学的跨学科研究。环境民族学研究旨在运用民族学的理论与方法,考察历史上人与自然环境的互动关系,揭示人类文明与自然环境共同演化的过程。

中学生:自然环境对人类文化有什么影响?

M博士:"铁马秋风塞外,杏花春雨江南。"塞北的茫茫大漠和江南的小桥流水对人及文化的不同影响是显而易见的。所以,自然环境是人类生存的空间,也是人类历史发生、发展最重要的前提,丧失了自然环境,就谈不上人类的发展;各民族的文化创造也必然以自然环境为前提。这就是说,就人类作为一种生物物种来说,他们是属于地理环境的,是自然物的一种特殊形态,是地理自然的多样性、丰富性的一个例证。地理环境的持续繁荣是人类社会存在的前提条件。在影响人类社会存在和发展的自然条件中,不仅天文现象、地理、气候和生态环境是对整个人类生存发生永久作用的自然因素,像矿产、燃料、水源、土地、林木资源等容易消耗的资源同样也是对人类生存发生永久作用的自然因素，因此要长期规划，谨慎使用开发。

中学生：北方森林草原民族大多生存在高原环境中。对高原自然环境的敬畏是不是意味着重保护而缓开发呢？

M博士：环境民族学的研究表明，目前在气候变暖趋势下对西南、西北高原应该以保护为主。保护环境才是硬道理。至少在高寒地区的国家公园及各级自然保护区内必须实施严格的保护制度。当然，千百年来，高原人正是在利用和改造自然的过程中才形成了高原族群社会；而人类在适应和改造自然界中表现了自己的主观能动性，创造了生存发展的生态文化。环境民族学，既要说明高原人应在何种条件和何种程度上利用、适应变化中的气候与地理环境，处理人和自然的关系；又要探索、追求自然地理界的客观规律性，获得在自然界持续生存的生态智慧。

中学生：我国地理环境对各民族发展产生了怎样的影响？

M博士：环境民族学考察不同自然环境对族群文化

的影响。从我国自然环境特征来看,我国地处东亚大陆,东北、西北、西南有山地天然隔限,内部地理单元体系完整;自西向东地势构成三级阶梯,河流大多流入太平洋;降雨量由东南往西北递减。我国大陆地理气候上的这种特点,决定了我国气候的多种类型,形成了我国经济布局中的水田农业与旱田农业、农业与牧业的明显分野,也形成了我国人口分布东南稠密、西北稀疏的格局。同时我国自然资源丰富,是我国各民族创造出丰富的物质文明的前提;但人口与资源分布的不平衡性,也给我国社会带来了相互依存性。在东亚大陆海岸型半封闭式的自然环境里产生、发展起来的中华民族传统文化,具有数千年从未中断的延续性,其因历史悠久、一脉相承而著称于海内外。20世纪80年代改革开放以来,我国与东亚、西亚及欧洲国家的物质文化交往,达到了十分密切的程度,促进了经济、文化的交流和交融。

中学生:自然环境对我国各民族生存确实意义重大,也影响了个人审美品格的修养,是吧?

M博士:是的。孔子云:"仁者乐山,智者乐水。"是说仁厚的人喜欢高山峻岭厚重不移,智慧的人喜欢溪水大河永动不止。仁者的厚重诚实与智者的聪慧灵巧相结合,构成一种完整的圣人人格形象。所谓心有灵犀一点通。人类最优秀的思想家总是心心相通的。无论处于哪个国家、哪个种族的思想者,只要对自然怀有一颗敬畏之心,都会认为自然是美好的。当代西方生态哲学家说,"自然是美的,而且不具备任何负面的审美价值"。

中学生:我曾经去青藏高原旅行,发现旅行者对高原景观评价不一:有的人感觉高原雄伟壮美,而另外一些人却觉得满目苍凉。为什么人们对同一区域的自然环境会有不一样的感受呢?

M博士:不同文化的人或者不同经历的人会对同一自然环境产生不同的认识,这表明人将自己的主观想象赋予了自然环境;自然环境成为人的情感之外化。这正是环境人类学要研究的课题。比如,在一个长期居住在城市的外来旅行者的眼里,青藏高原也许是荒凉的、凄凉的。历史上从东土而来的旅行者唱出了这样的感受:"一阵风来一阵沙,有人行处没人家。""君不见,青海头,古来白骨无人收。"这是一个荒漠世界。近代以来,在歌颂青藏高原外来者、垦荒者的部分作品中,为突出外来人的勇敢和高大形象而肆意刻画高原自然环境的恶劣,草原区域被说成"荒凉的无人区"、"地球第三极",连动物都无法生存的地方,只有这些外来的垦荒者在创造奇迹。但是这些作品的作者忽略了一个基本的事实:世世代代生存

在高原的当地人是怎么样过活的？所谓"荒凉的无人区"几千年来都是游牧人游牧延伸的区域，在世居高原雪域的主人眼里，不可能产生这种征服者或垦荒者的感受。

在高原土著人眼里，高原是美好的家园。环境人类学研究者注意到在藏族史书中记载了这样一段故事：当年，唐朝皇帝准备把文成公主嫁给吐蕃松赞干布，文成公主心中不愿，认为藏疆是愚昧黑暗的边荒。但是她的父亲以高原圣贤的身份开导她说："那儿山高地洁，风光秀丽，是险峻雪山的脖颈；气候温暖、大地清凉，好比快乐的天堂。……"这里高原圣人借中原皇帝的口来赞颂高原。可见在高原土著人眼里，高原环境十全十美，无可指责。这是高原人对自己居住的这块高寒之地神圣化、纯洁化的称呼。他们珍爱自己的家园，认为高原全部的地理自然世界都是美的。自然总是美的，自然从来就不丑。只要我们对生态环境怀有一颗敬畏之心，我们看到的所有的自然环境在本质上都是美的。

中学生：宇宙自然信仰对培育高原民族热爱自然、敬畏高原起了重要作用。

M博士：青藏高原上的民族将高原许多地域涂上色彩，从而使高原成为吉祥之地、神圣之地。藏族史籍中说：神圣高原也称雪域之地，是吉祥雪山环绕的地区。对高原寺院周围的环境一般是这样称颂的："天似八辐轮，地如八瓣莲。"高原人将并列的群山峡谷想象成八瓣莲花、八辐金轮。在高原人眼里，高原无处不神圣。高原人往往将大地比喻为母亲。土地、草地、森林、沼泽、湖泊、河流都是母亲的肌肤，千万不能损伤毁坏。人类绝不能仅仅为了自己的利益而剥夺其他物种的生存权，更不能毁掉大地母亲——人类生存唯一的载体或者供养体。

▶ 气候民族学

中学生：我读过一本书，叫作《气候改变历史》，难道气候真会改变人类历史吗？

M博士：在人类生存史上的某一时刻气候还真能改变人类的进程。无论是过去还是现在，没有什么比气候更能直接影响人类发展的过程了。

人类文明的产生有时会受到气候的直接影响，例如，地球上极端干燥的沙漠就很难成为高度文明的摇篮；距今5 200年前的干旱气候造成了西亚北非地区沙漠延伸，环境的恶化限制了西亚文明的发展。

在我国，公元前4300—公元前3500年北方气候干

旱,导致北方长城沿线地区发生原始农业文化衰退,而畜牧文化兴起并形成农牧交错的情形,就是气候变冷变干的结果。

19世纪中叶的干旱气候使内蒙古地区开垦的大片农田无法耕种而沙化,华北的干旱导致饥饿的农民向西逃亡。

气候对人类生存的意义太重大了,今天全球都在关注气候。基于气候对人类生存的重大影响,人们建立了气候民族学。气候民族学是生态环境学、气象学与民族学、历史学的跨学科研究,属于环境民族学的分支学科。气候民族学研究旨在运用生态民族学的理论与方法,考察历史上人与自然,特别是与气候的互动关系,揭示人类文明与自然的共同演化过程。

中学生:气候民族学研究的意义何在?

M博士:目前我国环境民族学研究撰述,多为历史地理学学科专题性的文本,如森林生态环境史、农业生态环境史等,而整体性、综合性与长时段的生态环境通史研究不够;气候民族学研究要从天、地、人关系的宏观历史演变揭示人与自然关系的变迁,特别如气候冷暖、动植物物种的兴亡、生境区等的变迁需要较长时间,要放入环境与文化长期演变的大历史的总体框架之中,才能考察其变化的幅度与缘由。因而气候民族学研究提供了一种全球化、大历史的视角。

进入21世纪,越来越多的人都注意到气候变暖会对地球生态环境和人类未来发展产生严重的不利影响,联合国号召各国政府行动起来,采取措施缓解/防止气候变暖,表明了对气候影响人类问题的关切。

中学生:气候民族学研究揭示了各民族怎样的生存规律?

M博士:气候民族学对北方森林草原民族5 000年的历史研究表明:对北方森林草原民族的生存发展而言,天时作为主导性因素支配着各民族自然生态和社会生态,这是长期的根本规律,特别是近年来厄尔尼诺现象和气温的升高,造成北方地区持续干旱,进而造成森林草原生态环境大规模衰退。但是气候的干旱在某种程度上也是由人类的行为所致,人类行为或者会加剧生态环境的恶化,或者会延缓和改善生态环境的退化。人类能否顺应天时变化规律,按此规律调整自己的行为,是能否延缓生态环境的退化,甚至改善生态环境使其向好的方向变化的关键。

气候民族学及环境民族学、生态民族学的相关研究从宏观视角观察与认识人类生态环境变迁。竺可桢先生提出中国历史上气候变化经历了六个温暖湿润时期和五个寒冷干旱时期;邹逸麟先生发现历史上大体以800年为一个寒冷—温暖循环期:寒冷期的400年间北方生态环境退化,温暖期的400年间生态环境转好。其排列顺序是:

公元前11世纪—公元前8世纪的西周是寒冷期;公元前8世纪中叶—公元前5世纪是温暖期。

公元前5世纪中叶—公元前2世纪是寒冷期;公元前2世纪—公元2世纪末是温暖期。

公元3世纪—公元6世纪中叶的魏晋南北朝时期是寒冷期;公元6世纪—公元8世纪的隋唐时期是温暖期。

公元8世纪—公元10世纪的五代初期是寒冷期;公元10世纪中叶—公元13世纪末的宋元时期是温暖期。

公元14世纪初—公元19世纪末是500年寒冷期,也是被称为小冰期的低温期;19世纪末气温又开始有所转暖。

不过这种800年一个循环期的研究,也是大体而言,中间气候的变迁排序不一定这样严格。(邹逸麟.中国历史地理概述.上海:上海教育出版社,2007.)

气候变化对北方草原生态环境影响明显。草原水草的好坏直接受天气支配:天气温暖而多雨水,草原植物就茂盛;天气寒冷而干旱,草原植物就凋谢衰退。因此,天气的好坏决定了草原生态环境的兴衰;草原的好坏决定了人畜的生存走向。牧人依赖放牧家畜和狩猎野生动物获取衣食。家畜与野生动物却依赖于草原水草生存:草好,水源充足,食草的家畜与野生动物才能得以生存和繁殖,肉食动物才能得以繁衍。长时间的干旱(1年以上)是威胁草地、动物和游牧民族生存的决定因素。

历史地理研究表明:干旱是形成北方沙漠核心区的主要因素。如果3个月无降水,草地出现中度荒漠化;1年的干旱导致重度荒漠化,土地基本丧失生产力。所以气候干旱是北方土地沙漠化的主要原因。此外,人口增长、大规模的开垦会使沙丘活动加剧,使沙漠面积扩大。

中学生:历史上北方游牧民族经常迁徙到中原地区,这种迁徙与气候有没有关系?

M博士:对草原游牧族群不时集体迁徙的原因,国内外学者意见不一:有的认为是气候干旱造成环境退化引

起的;有的则认为是草原资源匮乏导致的。

早在 1907 年《亚洲的脉搏》一书中,美国著名学者亨廷顿首次提出干旱是导致 13 世纪蒙古大规模向外扩张的重要原因之一。在中国学界也提出北方游牧人的重大迁移行为与天象、天气的变化密切相关,原因之一是"干旱支配论":对草原环境危害最大的是长期的干旱。而干旱引起的草原生物资源短缺,使牛羊和牧民无以为生。据《后汉书·南匈奴列传》记载:公元 46 年,"匈奴中连年旱蝗,赤地数千里,草木尽枯,人畜饥疫,死耗大半"表明干旱、沙尘暴、蝗灾是游牧民族生存的大敌。

人们认为寒冷干旱气候与北方游牧民族周期性迁徙有对应关系:如西周寒冷期与殷商、西周民族的频繁迁移相关;魏晋南北朝寒冷期与东汉两晋南北朝时期北方游牧族群的举族南迁,同时迫使中原人口迁往江南相关;公元 9 世纪末寒冷期与北方民族五代十国割据相关;17 世纪后期是最寒冷的时期,与女真族入关、中原战乱的时间是一致的。综上所述,学术界的讨论大都认可干旱或者寒冷气候与游牧民族迁徙之间有相应的逻辑关系。

中学生:历史教科书上说"游牧民族逐水草而行",这也是适应气候的生态行为吗?

M 博士：游牧民族在同一草原生境区的游牧，一般是一年四季的游牧或者是 2～3 年的循环游牧，这也是适应气候变迁的短期游牧。通常有几种类型：

一个月内的循环迁徙：游牧人按月亮运行行事。当新月出现在天空，到日渐丰满这是一个积累上升的过程，月到圆满之际，事到功成之时，所以"月盈而进"。新月上升时可以出发去远方游牧，去征战；下旬残月亏损时，应该撤回，"月亏而退"。这大都发生在征战时期。

一年的循环迁徙：一年中冬天太阳南移，他们向南移动到河谷盆地；夏天太阳北移，他们向北方高寒草甸迁徙。从冬季牧场出发，经过春、夏、秋季牧场游牧又回到冬季牧场，完成了一次游牧过程，是一个圆形周期。公元 18 世纪的青海蒙古人，冬季游牧在河湟谷地，夏季游牧在祁连山间，与公元 2 世纪的羌人游牧路线相同。

2～3 年一次的区域循环游牧：在同一生境区跟随太阳循环游牧，迁徙游牧路线是一条"之"字形线路。第一年在一条河谷盆地游牧，第二年迁徙到另外一条河谷或者高地草甸。这一游牧过程需要 2～3 年，需要 20～30 平方公里草地。例如，15～18 世纪卫拉特蒙古季节性的游牧在辽阔的西北草原几大游牧生境区分别进行。

北方草原游牧民族的大迁徙本身是一种游牧方式。一个族群的迁徙游牧需要数十年甚至上百年的过程，这一过程也是这个族群的生命历程。每次迁徙时族群男女老少集体动员，以"哇卡"（3～7户为一组）为互助群，以族群为社群，马牛羊与牧人民兵浩浩荡荡，散开时各个游牧"哇卡"布满数十平方公里的山谷草原。迁徙过程中既要寻觅水草，照看牛羊，也要观察地形，采集野菜，狩猎动物；遇见强盗则需要征战。这是一个走走停停的过程：在空间上，从山地森林生境区向草原生境区，从北方草原走向南方河谷，跨越了数个不同景观的生境区；在时间上，从春天走到秋天。从少年游牧到老年，是一生的生命历程。

草原民族的迁徙是部落、族群的集体迁徙，这种长期有规律的迁徙行为受到天时、地理、生态环境自然法则的支配。游牧的自然法则意味着要服从生态定律。

中学生：我们从教科书中得知，二十四节气历法是农耕民族的祖先为了适应气候变化、把握气候变化规律而创造的。

M博士：是的，民族学家认为，中华民族早在秦汉时期创造的二十四节气是与自然规律和天文现象相符合的历法,它根据自然现象的变化,把时间、气候变化与农业生产联系起来,是一种"生态学时间"。

人们根据太阳周年运动轨迹和气候的四季变化,将一年气候变化划分为24等份,每一等份为一个节气,统称"二十四节气"。农耕活动依据节气而安排。为便于人们记忆和传诵,中原的农民们还把二十四个节气编成民谣:"立春阳气转,雨水杏花开。惊蛰乌鸦叫,春分蝶舞花。清明忙种麦,谷雨种大田。立夏鹅毛住,小满雀来全。芒种育秧忙,夏至稻花香。小暑催豆熟,大暑三伏天。立秋忙知了,处暑动刀镰。白露忙收割,秋分无生田。寒露不算冷,霜降变了天。立冬先封地,小雪河封严。大雪交冬月,冬至数九天。小寒忙买办,大寒要过年。"二十四节气顺应气候变化安排生产活动,体现了中华民族的生态智慧。今天,"二十四节气"被列入国家级非物质文化遗产名录和联合国教科文组织人类非物质文化遗产名录。

中学生:气候民族学研究草原游牧民族的气候历法吗?

M博士:北方草原牧民曾经很长一段时期"以草青为一岁"。《周书·突厥传》中说:"其书字类胡,而不知年

历,唯以草青为记。"这就是一种适应草原环境的物候历法。明代萧大亨于1594年撰写的《北虏风俗》中记载:蒙古人以草青为一岁,且"记月之十二圆缺为岁,记日之三十出没为月。然每月必以初一、初十、十五为上上吉也"。这是说,蒙古人只按草原气候变化确定季节。草原一岁一青。草原随天寒而枯萎,天暖而生长。只要天体永存,日月永恒,草原也永远生长,养育着草原牧民和草原生物。

另外,凌纯声的《松花江下游的赫哲族》中记载:乌苏里江畔的赫哲人纪岁,以食大巴哈鱼的次数计算,如一人自称年已六十,即吃过六十次大巴哈鱼。因鱼每年定时由海入江一次,以此法纪岁,颇准确。这是以周期性的气候季节生态规律把握渔猎人的生命历程。

在12世纪以前,人们相信蒙古和其他北方游牧民族只明确划分两个季节:天气转暖,青草萌发生长,牛羊开始繁殖生仔,此时为一年一岁之开始,叫"合不儿"(春季);而天气转寒,草木枯衰,牛羊肥壮之季节,叫"纳木儿"(秋季)。蒙古人的游牧也完全按春秋两个季节进行。春季居山,冬近则归平原。

13世纪以后,蒙古高原游牧民族以一年四季计数。

据《蒙古秘史》记载,13世纪时,蒙古族把四季命名为春营地、秋营地、冬营地、夏营地等;蒙古族的月份分为分享月、水草月、乳牛月、青翠月、打猎月、日光月、红色月、完全月、宰羊月、杀牲月、吃食月、蔚蓝月,分别相当于农历一月至十二月。这是一种富有草原特色的物候历。

时间如风,星移斗转,天有天气,地有地气。各民族不同的节气是自然时令,使人们感悟到气即为生命之本,节乃张弛有序。人合自然节律,物顺宇宙感应。草原物候历与二十四节气已经浸润到我们传统文化的基因中,使得中国农牧民的生活颇具有韵律节奏之美。

中学生:我听说十二生肖历也是我国游牧民族创造的。

M博士:清代赵翼的《陔余丛考》认为十二生肖起源于我国北方的游牧民族。中古时期草原民族中的匈奴、突厥、契丹、蒙古、吐蕃等民族以十二生肖来纪年。20世纪50年代,在内蒙古百灵庙草原发现了一组完整的十二生肖岩画:按鼠、牛、虎、兔、龙、蛇、马、羊、猴、鸡、狗、猪的顺序排列成一个椭圆形。据考证这可能是匈奴时代的岩画。

11世纪的《突厥语大词典》中记载:有十二种野生动

物游伊犁河,遂以这十二种动物之名作为十二年份的名称了。老鼠率先过河,因此以鼠作为第一年的名称,称作鼠年。其后过河的被依次作为其余各年的名称,分别为牛年、虎年、兔年……

但是必须明确:中原农耕民族很早就使用十二生肖历法,早期有起源于"十二地支"说。历史学家考证认为,大约夏朝晚期,已经产生"十干""十二支"。《尔雅·释天》云:"岁阳者,甲、乙、丙、丁、戊、己、庚、辛、壬、癸十干是也。岁阴者,子、丑、寅、卯、辰、巳、午、未、申、酉、戌、亥十二支是也。"因此,至少在西汉以前,十二地支已经完善并固定下来。古代中原人用"十二兽"代表"十二生辰",形成"十二生肖",依次为子鼠、丑牛、寅虎、卯兔、辰龙、巳蛇、午马、未羊、申猴、酉鸡、戌狗、亥猪。

✤ 延伸阅读:干旱气候导致罗布泊草原荒漠化

罗布泊位于新疆塔克拉玛干沙漠的东部,是塔里木盆地东端低洼的地方,曾经是塔里木河的最后归宿点,但是现在已经干涸。罗布泊是一个典型的具有迁移特征的荒漠湖泊,公元前5世纪—公元5世纪的楼兰族群在塔里木盆地有定居地,当时这里曾经分布多面湖泊,是水草丰美的灌丛草原,河流湖泊相连。一直到20世纪初,塔里木河下游的罗布泊面积依然保持在3 200平方千米左右;20世纪30年代,罗布泊地区依然分布有水泽。但是在干旱气候影响下,20世纪70年代以后湖泊消失,另外流入罗布泊的孔雀河流量减少,造成注入罗布泊的水量减少并逐渐干涸。

象、器、境：民族学学科介绍（二）

> 人不但生活在一个单纯的物理宇宙之中，而且还生活在一个符号宇宙之中。语言、神话、艺术和宗教则是这个符号宇宙的各部分，它们是织成符号之网的不同丝线，是人类经验的交织之网。
>
> ——［德］恩斯特·卡西尔

▶ 风俗民族学

中学生：民族学研究一些民族的奇风异俗吗？

M博士：民族风俗是各民族文化的体现，也是民族信仰的象征。民俗的形成与各民族的居住环境，生产、生活方式及信仰文化密切相关。民族风俗对民族社会产生什么作用,应该做具体的分析,所以民族学研究民族风俗习惯的社会功能及其产生、演变的历史过程。

俗话说"十里不同俗,八里改规矩",又说"百里不同风,千里不同俗"。各民族所处的地理环境不同,信仰传统不同,造成各民族生产生活方式和风俗习惯千姿百态,各有特色。文化民族学的研究范围中很大一部分其实是各民族的风俗文化。文化民族学把不同民俗分为生计、生活、交往、信仰、社交礼仪几大类。我们分农耕民族与草原民族两大部分介绍。

★ 农耕民族风俗习惯的变迁

M博士:我们认识民族,往往是从各民族衣食住行的生活风俗开始的。下面介绍一下中原农耕民族的风俗习惯变迁:

• 穿在中华。人们穿戴的衣服、鞋帽和佩戴的装饰既是民族的标志,也是民族文化不可或缺的组成部分。中原汉服约在夏商时期确立,到周代趋于完善,并成为礼仪的表现形式,有了严格的等级制度。秦人尚黑,西汉尚黄,东汉尚红。汉代朝服一年四季有变化:春季穿青衣,夏季穿黄衣,秋季穿白衣,冬季穿黑衣。春秋时期民间衣服称为衣裳,即上衣下裳。裳是前后两块布连在一起,类

似裙子。汉代到魏晋南北朝时期，汉族男子的主要服装为衫，袖口宽大；妇女的服装主要有襦裙、衫、帔等。盛唐以后，女衫衣袖日趋宽大，色彩艳丽，纹饰复杂多变。明代官员戴乌纱帽，穿圆领袍，袍服上缀有补子，并以补子上所绣图案的不同，表示官阶之高低。这种服饰今天已经不再沿用，但是我们可以从中原汉族传统的审美情趣探讨古人的社会等级制度及其对社会文明进步的影响。

• 食在中华。人类在学会使用火前，过着茹毛饮血的生活。随着取火技术的应用，人们开始烹生为熟，饮食习惯经历了生食、熟食和烹调阶段。在中原农业社会中，黍、稷、麦、菽、稻五谷粮食作物是主食的主要原料，米饭和面食是主食的两大类型。菜肴是饮食结构的重要组成部分。烹调是在熟食基础上发展起来的，包括煎、炒、烹、炸、煮、蒸、烧、烤、炖等几十种方法，调味品有酸、甜、苦、辣等数百种之多。舌尖上的中华饮食文化丰富多样，表现了我们对生活的热爱。

各民族节日饮食习俗丰富多彩，还给各种节日食品赋予不同的含义和象征意义，如每年农历正月十五吃元宵、八月十五吃月饼、大年三十吃饺子等。

• 安居乐业。中原民族中流行上栋下宇型建筑。其结构特点是一般都有夯筑坚实的地基,竖木为柱,连柱为梁,梁上搭檩,檩上搭椽,上铺茅草、柳条或压泥土,山墙用土坯或砖石砌成,窗户门楣为木制。四合院是北方农业地区民居的主要形式,其基本形式是有几幢单体建筑,分别置于东西南北四面,四面房屋组成一个方形院落。

窑洞式住宅流行于我国黄土高原的山西、陕西、甘肃地区各民族中。此类建筑多利用高原黄土地带土质坚实的特点而建,冬暖夏凉,且省木材。窑洞式建筑主要可分为两种:一种为靠崖窑,即在天然土崖或山崖上横向往里挖洞,顶拱半圆形,进口安上门窗就成为住房。另一种为天井式窑,即在平地上向地下挖一深井,呈方形或长方形,再在方井的四壁横向往里挖洞作为住房。

• 行走在中华大地。南人乘船,北人骑马,平原人多乘车,车是古代交通运输及战争中的重要工具。我国最早的车出现在商代。商周时期,车的制作技术已非常先进。那时的车为木制,整个车体分为车轮和车身两部分。

南方水路交通工具主要是桥与船,过河架桥,涉水用船。西南地区水流湍急的江河之上,还架有溜索桥、藤索桥,后来发展为木桥、石桥、铁桥;船是在木排、竹排、皮筏、手摇船的基础上发展为现代的火力和电力大型船只。

- 使用工具的文明进步。人类经历了以木为器、以石为器、以金属为器的不同阶段。有人说石制工具开始于 20 万年以前的智人时代。因为早期人类完全可能在遇到野兽攻击时,急中生智捡起身边的一块石头打向他的敌人。后来人类开始击打石块,制成所需要的各种形状的工具,如刮削器、尖状器等。大约公元前 3000 年,人们学会了冶炼技术,可以冶炼铜、金和银。后来人们又在实践中发明了合金——青铜。在公元前 1000 年左右,更坚硬的铁成了制造武器和用具的主要原料。

中学生:民族学是如何认识汉族亲属社会风俗的?

M 博士:关于汉族的姓、氏,原始的姓是母系氏族公社的族号。"姓"字就是由"女"和"生"字合成。许多古姓都有"女"字旁,如姜、姚、姬等。氏是姓的分支。

婚制方面,古代中国汉族通行一夫一妻制,但富人纳妾现象较为普遍,还有买卖婚、表亲婚、换亲婚、转房婚、招养婚等。

尊祖敬老是古代宗法性宗教遗风。尊祖即是对祖先的崇拜。古代汉族注重人际关系,强调人的社会性,强调家族、宗族、社会群体对个人的约束,不突出个人与个性,而强调集体主义。

✱ 延伸阅读：人生礼仪习俗

古代汉族民间盛行的诞生礼、冠笄礼（成年礼）、婚嫁礼、葬祭礼，是人生四大仪式，以帮助个人通过生命过程中的重大"关口"，达到修身、齐家、治国、平天下的人生理想。(1)诞生礼：婴儿初生当天向外婆家报喜，三天时举行"洗三"沐浴仪式，满月命名，百日举行百岁庆祝仪式，周岁举行"抓周"仪式。(2)冠礼：男子20岁行成人礼，称为"冠礼"，女子15岁行笄礼，表示青少年开始担当家庭成年角色与社会责任。冠礼期望青年人"内心修德，外被礼文"。(3)婚礼：中国人重视婚姻家庭，婚礼极为隆重，由纳采、问名、纳吉、纳徵、请期、亲迎等六礼组成。(4)丧礼：丧礼的宗旨是对子孙进行孝道教育。孔子说：生，事之以礼；死，葬之以礼，祭之以礼。古代汉人丧礼有设奠、小敛、大敛、招魂等礼仪，对故人祭祀要七七四十九日，并要守孝三年。

★ 草原民族风俗习惯的形成

中学生：如何认识少数民族的社会风俗？

M博士：先说民族服饰，"五十六个民族，五十六朵花"。五颜六色的各民族服饰是各民族文化中独具特色的象征符号。

北方的蒙古袍适用于寒冷的北方草原,蒙古族的传统服式分夹、棉、皮三种,蒙古语称之为"得勒"。牧区男女均穿蒙古袍。穿蒙古袍骑马放牧,能护膝防寒,夜间可铺可盖。内蒙古锡林郭勒盟之乌珠穆沁草原的蒙古袍长而宽大,直领左衽,下摆不开衩,衣襟及下摆多用绲边或用绒布镶边,腰部用宽而长的彩色绸带扎系,既能保持腰肋稳定垂直,还可以装东西。

青藏高原牧区的藏族牧民,为了在寒冷天气下便于乘骑,所穿的皮袄为大襟、长袖、宽腰,头戴镶边的皮帽、腰间束带挂刀,下身穿长裤,裤管套入长靴内。农区的服饰多以氆氇缝制,颜色多是黑色、赭红色和本白色,男子常穿宽大无领、袖长过手、开右襟的长袍,喜袒臂,平时袒右臂。妇女上穿宽领的长袍,内着衬衣,腰系围裙。

南方的苗族服饰可适应湿热气候,男子的服饰,多为大襟短衫、长裤,妇女的服装分为穿裙和穿裤两种,习惯裹绑腿。苗族精于蜡染和刺绣技术,妇女服饰上的花纹图案形式、色彩都给人以强烈的美感。

旗袍原为满族妇女服装,有学者认为旗袍是从清代旗女的袍服直接发展而来的。最初是直筒式,腰部无曲线,下摆和袖口较大,外罩马甲;现代旗袍有了开衩和曲线,以独特的东方魅力吸引着人们的目光。

中学生:如何认识森林草原民族的饮食习俗?

M博士:不同生存环境下的人们形成了不同的饮食习俗。

19世纪的东北鄂伦春族和鄂温克族人,进山打猎一般是不带锅的。他们随时可用桦皮制成锅,然后放置烧热的石头烤肉。

草原蒙古族的手扒肉是用泉水煮熟以后食用的。他们把肉食称为"秀斯";"珠玛秀斯"意为整羊。蒙古人把珠玛秀斯视为最高级的食品,食用的时候有固定的礼节、禁忌。吃肉时,必须按它的关节折下后用小刀削吃,否则被视为不懂礼节的行为。

水是人类的生命之源,北方少数民族十分重视对水源地的保护。草原民族严禁在河里游泳、洗澡、洗衣服或乱丢污物。13世纪的蒙古人曾有这样的习惯:春天和夏天,任何人都不在光天化日之下坐于水中,不在河中洗手,不用金银器汲水,也不把湿衣服铺在草原上。

草原民族的饮料包括茶、酸奶和酒,蒙古族人、藏族人喜喝奶茶。饮酒是古代各民族祭祀中普遍盛行的习

俗,游牧民族地处北方寒冷之地,喜饮烈性白酒,南方人喜饮低度米酒和果酒。

西北的回族、维吾尔族、哈萨克族、东乡族、柯尔克孜族等民族禁食猪肉,与信奉伊斯兰教有关;满族人忌杀狗,忌食狗肉;蒙古族人忌食马肉,只食用牛羊肉。

✸ 延伸阅读:游牧民礼俗——敬酒三杯

西部德都蒙古人把敬酒叫"阿日哈·查础乎"。敬酒者首先向"陶脑"(蒙古包顶的天窗)方向的腾格里天神敬酒,其他人转向"陶脑"方向用大拇指尖触到额头处以示礼;第二次向火灶敬献酒;第三次向客人中最年长者敬酒。天、地、人三轮式敬酒之后,全体人员方可相互敬酒,唱歌游戏。

中学生:森林草原民族的居住习俗有何特点?

M博士:各民族依据各自的生态环境,创造了多样的民居形式。

• 森林族群"窝集"民居。满族"窝集"旗屯处森林环境,四周有护屯土壕,屯四周空余地带植以树木,开辟小块农田。东北森林地区的赫哲族、鄂伦春族、鄂温克族等民族的帐篷呈圆锥形,被称为"撮罗子"(又称歇人柱或仙人柱),其搭建方法是:用上端带叉的木杆搭成一个三角形支架作为基架,然后再加二三十根辅助杆,木架上部用桦树皮覆盖,下部围以布或兽皮,上面留通风出烟口,朝日出的方向开一门。

- 草原民族住帐篷。蒙古族人、哈萨克族人住在圆形帐篷里,帐篷又称"蒙古包",其平面为圆形,里面用木条编成框架即"哈纳",外面包以羊毛毡,顶部留有圆形的天窗,以便采光和通风。蒙古包便于搬运,是逐水草而居的牧人理想的住宅。

✳ 延伸阅读:蒙古包——蒙古人的居帐

有一首民歌唱道:

因为你仿造蓝天的样子,才是圆圆的包顶;

因为你仿造白云的颜色,采用羊毛毡做成。

这就是穹庐——我们蒙古人的家庭。

因为模拟苍天的形体,天窗才是太阳的象征;

因为模拟天体的星座,吊灯才是月亮的圆形。

这就是穹庐——我们蒙古人的家庭。

[王迅、苏赫巴鲁:《蒙古族风俗志》(上),北京:中央民族学院出版社,1990年版]

• 青藏高原的碉房。这种建筑常见于青藏高原东部边缘区和内蒙古南部。碉房一般以石块或夯土筑墙，室内以木柱支撑，屋顶是用土筑的平顶，顶上可做晒台。碉房一般为二至三层的小楼房，底层为牲畜房，二层为卧室、厨房，上层为经堂。碉房的整体造型严整，建筑风格粗犷凝重。

• 西南山村干栏型居室。这是长江以南的壮族、黎族、独龙族、傈僳族、佤族、拉祜族、德昂族、布朗族、傣族、哈尼族等民族的居所。干栏型建筑具有防潮、散热、通风及避虫兽侵袭和防止洪水冲击的功能。竹楼上下两层，上层住人，下层无墙，用以饲养牲畜及堆放杂物。云南大理白族的民居追求整体建筑的庄重、大方，局部进行精雕细镂，与带有花坛的院落相配，形成白族特有的恬静、幽雅的民俗特征。

• 出行交通习俗。牛、马、驼、驴等牲畜既可供人骑用，也可载重翻山越岭、长途跋涉，成了真正的交通工具。东北地区的赫哲族、鄂伦春族、鄂温克族等民族至今仍用狗或驯鹿拉爬犁（雪橇）。草原游牧民族发明了两轮的"勒勒车"。"勒勒车"是牧民生活中不可缺少的交通工具。

★ 人生礼仪与社会禁忌民俗文化

中学生：草原民族个人成长中礼仪与草原环境相关？

M博士：草原民族人生礼仪有诞生礼、成年礼、婚礼和葬礼等。

草原族群的人生观认为：人生于自然，与自然万物共同生长，最后又回归自然。

契丹富家妇女生育时，先"望日拜八拜"；产妇生产时要卧在草上，将产下婴儿称为"落草"。近代北方游牧民族的妇女生育孩子，多在草地上而不在主帐之中。明代人记述当时的蒙古人产育习俗道：生育在草地，无须专门护养。产时即裹以皮，或以毡，越三日方洗。洗毕，仍裹之如前，所产之孩，亦不避风寒。婴儿出生后7天内，帐篷门前挂一绺羊毛，放桑焚香，不让生人进帐。

青年的成年礼，则以赛马、摔跤、射箭等形式举行。

❋ 延伸阅读：高原民族的交际礼仪

分布在青藏高原高寒地带的牧民十分注重人际礼仪。贵客来临，要到帐外迎客，敬献"哈达"，同时脱帽躬身45度，帽子拿在手上接近地面，见面点头吐舌；受礼者

应微笑点头为礼。亲朋好友平辈之间行礼,点头行礼或拥抱,帽子拿在胸前,以示礼貌。在帐篷中男女分坐,男坐左,女坐右。

▶ 人口民族学

中学生:人口民族学研究什么呢?

M博士:传统的人口学是从数量角度研究人口再生产过程;而人口民族学注重不同族群人口的比较研究,分析人口与族群文化、社会及环境的关系。族群人口与环境的互动关系是民族学人类学研究中的重要课题。人以群分,族群人口的增减变化受资源、环境、气候的制约,同时也受到种群生理基因、社会文化的影响。但是族群人口与环境及社会文化关系的研究到目前为止更多的仍然是一种定性的说明,尚未建立人口-环境-社会对应的数字模型。相关气候、环境与社会变迁对人口数量影响的探讨或者预测与其说是精确预测,不如说只是一种推断概说。

中学生:您在前面曾经说,草原民族是来回迁徙的民族。草原民族人口的迁徙与气候、环境变化有没有直接的联系?

M博士：根据人口史专家的研究，草原人口的大起大落与气候影响有关联：气候寒冷期人口数量下降；气候温暖期人口数量上升。这种对应表明：人口的循环变化与天气、环境的变化有明显的对应循环关系。但是另有学者指出，人口变化与气候变化有着中间关联原因，即环境灾荒造成的食物短缺才是引起人口减少的主要原因。葛剑雄在其《中国人口史》中认为，传统社会的人口发展，几乎都受到生物资源、生态环境和生产力发展水平的制约，各种自然的和社会的因素，其中粮食产量的下降会导致饥荒，从而引发族群人口急剧减少。

传统社会人口增长迅速而生活资料有限，人口必然为生活资料所限制。北方草原牧民人口增减的原因之一在于粮食供给的程度：旅游者看北方草原民族似乎是以大块手把肉、大碗的奶茶为食，其实是误会。游牧民的生存也同样依赖于各种粮食的供给。一般牧民的饮食构成中肉乳、粮食、蔬菜比例是3∶5∶2。牧民饮食中缺乏茶叶（砖茶）固然不行，缺乏粮食更无法生存。当然，21世纪我国科学技术和生产力的发展、粮食的增产以及与其他国家的贸易往来，解决了传统社会的人口食物短缺问题。

我们在这里将北方农牧区历史环境与人口的关系描

述为一种对应关系：气候干冷引起环境恶化，环境恶化引起生态灾荒，生态灾荒造成人口贫困，人口贫困导致人口迁徙或者减少，即气候干冷→环境恶化→生态灾荒→食物匮乏→人口迁徙。气候干旱影响草原生态环境，进而造成生态灾荒，表现为天灾人祸之后因生存生活资料特别是食物短缺所造成的人口死亡或者逃亡、疾疫流行、生产停滞衰退、社会动荡不安等社会现象。这里举以下三个案例。

案例之一：黄土高原的人口与环境的对应关系。根据历史地理学家的研究，秦汉时期以前的黄土高原是食物资源丰富多样的地区。春秋战国时期黄土高原以森林灌丛植被为主，高原东部属于半耕半牧生态边缘区，北部草原是游牧区。整个黄土高原人口稀少，森林草原环境保持较为完整。这一时期人口密度的为 14 人/平方千米。明代黄土高原人口为 1 000 万～1 400 万，土地开垦面积扩大到黄土高原、阴山南麓，西到达天水、陇西，乃至湟水谷地。公元 1820 年黄土高原人口达到 1 995 万；到 1840 年，仅仅 20 年人口增至 4 100 万，达到王朝时代黄土高原人口的峰值，人口密度为 140～170 人/平方千米，已经超越生物资源供给界限；20 世纪 90 年代，人口更是接近 1 亿，已经过度拥挤了。大批人口不断开垦草地、林地，增大耕地面积,致使黄土高原沟壑纵横,水土流失,粮食产量下降,大片土地趋于荒漠化。21世纪以来,通过生态治理、生态移民、植树造林,遏制了环境退化趋势。

案例之二:东北森林地区的环境与人口关系。公元6世纪以前,东北森林草原生境区是中原的生态边缘区。根据相关研究,战国中期辽宁地区人口不少于40万,人口密度2.6人/平方千米;吉林地区约20万人口,人口密度1.94人/平方千米;黑龙江地区是森林土著族群,人口估计少于8万,人口密度0.4人/平方千米。元代东北地区户均人口比金时期少;元末明初时,东北地区的人口锐减;17世纪明末清初之际,东北地区人口有300万左右,人口密度为5~7人/平方千米。大多数人口分布在东北平原即江河流域从事农耕生产。

东北地区森林环境的衰退发生在近200年。19世纪中期清政府采取放荒、免税措施,鼓励关内人民到关外开垦荒地,到1907年,东北地区人口总数已达到1 670万。到1912年,东北地区人口已达2 000万,人口密度约为50人/平方千米。到1982年,东北地区人口已有9 000多万,人口密度为300人/平方千米。人们对东北森林草原的开发,使森林草原面积绝对减少,水土流失严重,18

世纪初吉林省地区森林覆盖率为63.9%,到1937年则为27%。

20世纪90年代以后,人口重新逆向迁徙,大批东北地区人口迁移到南方温暖地带。进入21世纪以来,东北三省人口每年呈现负增长,每年有上万人迁移到南方或者沿海地区。迁走的人口基本是19世纪以来迁入的中原人口的后代。

案例之三:蒙古国游牧人口走向城市。近年来由于气候干旱,蒙古高原草原生态环境的退化,造成了游牧生产的衰退;草原人口越来越往城市集中,大片草地退化、人烟稀疏。1922年蒙古国人口为64万,1956年为90万,1990年有120万,2010年增长到274万,表明城镇化促进了人口迅速增长。20世纪90年代初,城镇人口占全国人口总数的39.8%;2014年城镇化人口已经达到60%,其中,首都乌兰巴托是城镇人口主要集中地。看来这个世界上最古老的游牧民族正在走向城镇化发展道路。

▶ 身体民族学

中学生:身体民族学研究什么?

M博士：身体民族学研究将身体放置到人类学的中心地位，提出"人类的问题，从身体开始"，主张以人的身体和生命为核心，揭示身体的社会与环境生态内涵。前面讲的体质人类学研究人类生物特征，而身体民族学所关注的是身体的文化和社会特征，它也成为文化人类学的一个重要分支学科。

中学生：《蒙古秘史》中有一句格言说："眼睛里有火，脸上发光。"这里的火与光是赋予身体的文化象征吗？

M博士："眼睛里有火，脸上发光"，意在表达少年铁木真神采奕奕，精神饱满，具有英雄气概，是不同寻常的人。北方草原民族中还有一句格言是这样说的："骨来自父亲，肉来自母亲。"这是把人的身体中的骨头比喻为来自父系氏族，肉体（或者血液）比喻为来自母系氏族。从这句格言我们可以看到，世界上不少民族都把身体看作社会的象征，身体器官成为表达人们文化观念和社会结构的符号载体。

蒙古族中有"好马看耳朵，好人看眼睛"的格言，赋予了身体器官以文化象征和审美情趣。身体人类学研究不同社会文化背景中具有象征意义的身体部位、器官等身体结构的文化意义，也研究不同民族利用身体的姿势，如

手势、眼神、表情、动作等体态语来传递信息的非语言交流形式。比如见面礼，有的民族朋友间见面只握手，有的见面拥抱，还有的见面行接吻礼。

中学生：中原华夏民族是怎样以身体比喻宇宙的？

M博士：中国古代很早就出现了"身体民族学"的研究，《黄帝内经》哲学思想中的"形－气－心"三位一体的身体研究，《周易》中提出"乾道成男，坤道成女"之身体宇宙论，《礼记》提出了"敬身为大"，《大学》提出"修身、齐家"，这些都可以看作身体民族学的开端。

华夏民族思想家曾经提出人的身体与天的结构类似，人的身体结构体现了天地的结构。《黄帝内经·灵枢》说："天圆地方，人头圆足方以应之；天有日月，人有两目；地有九州，人有九窍；天有风雨，人有喜怒；天有雷电，人有音声；天有四时，人有四肢；天有五音，人有五脏；天有六律，人有六腑；天有冬夏，人有寒热；天有十日，人有手十指……此人与天地相应者也。"表明人的身体与宇宙自然的共性运动规律是相互感应的。《黄帝内经》提出，人只要"食饮有节，起居有常，不妄作劳，恬淡虚无，保守真气，精神内守；志闲而少欲，心安而不惧，形劳而不倦"，就会尽享其天年，度百岁乃去。

所以，古人说："人身虽小，暗合天地。"人类是以自己身体思考宇宙和社会的。我国传统文化中的身体已不再被局限于人的七尺血肉之躯，整个宇宙都被视为该身体的生动的体现和化身。个体身体结构暗合宇宙结构，身体即小宇宙，宇宙变化会在人体小宇宙有相应的反映。可以说，身体民族学就是一部身体与自然、社会、文化生态的对应关系史。

中学生：可以具体举一些例子说明吗？

M博士：这种例子很多。我们看看古籍经典上的例子。

《周易·乾卦》中讲："夫大人者，与天地合其德，与日月合其明。"说明"大人"，也就是圣人是与宇宙天地相通协调的。

《荀子》讲："天地者，生之本也；先祖者，类之本也；君师者，治之本也。"这是传统中国人立身的根本——天、地、亲、君、师。其中，天、地是自然的共同体；亲是血缘的脉络；君、师就是信仰人文体系，君代表政治信仰，师代表人文化成。儒家提出敬畏圣人，圣人离不开天地、神灵、祖先这三个共同体，象征自然共同体、血缘共同体、信仰共同体；学做圣人对应着天道、家庭、道统，三体集于一身，如同圣人处世，表现儒家身体民族学的要义。

《淮南子》和《山海经》中讲过女娲是宇宙创世神。她化身天地人文,"女娲,古神女而帝号,人面蛇身,一日七十变"。女娲创造的宇宙业绩是补天、治水、造人、化神、缔结婚姻。

《三五历记》记载盘古传说:"天地混沌如鸡子,盘古生其中。万八千岁,天地开辟,阳清为天,阴浊为地。盘古在其中,一日九变,神于天,圣于地。天日高一丈,地日厚一丈,盘古日长一丈。如此万八千岁,天数极高,地数极深,盘古极长。后乃有三皇。数起于一,立于三,成于五,盛于七,处于九,故天去地九万里。"

从以上例子中我们看到:将身体作为宇宙、人文与精神的象征,体现了中国古人的"天人合一"学说。"天人合一"不仅是"人"对"天"的认知,而且是"人"应追求的一种人生境界。身体民族学提出"仁者以天地万物为一体",认为人心即天地万物之心,"天地万物与人原是一体",表明自然不是与人对立的,而是与人共生互补的。人是天地之子,当有自然之情。

中学生:从上述例子可以看到中华传统文化中"天人合一"观的博大内涵。不过世界上有的民族有封闭自己身体的习惯。我在体育赛场看到,东南亚和西亚地区有的女运动员一上场,就把自己头发用围巾裹起来,不露出头发,这有什么讲究吗?

M博士:人类学家发现传统社会中的民族习惯中将身体部位作为特定文化符号来使用。许多民族中将头发作为区分男女最显著的外部特征之一,成年女性的头发要用头巾包裹起来。不同文化背景的人们给头发赋予了不同的象征意义。在蒙古族文化中,头发是生命力的象征,头发生长意味健康成长。蒙古族女孩子的头发是扎起来的,结婚后发式改变,要编成辫子,戴上前辫套,放置在胸前,是已婚状态的标志。古代女真族"披发左衽",盛行髡头,成为其身份认同的一种显著标志。

一些人利用身体器官表达某种文化信息或者个人喜好,如宋代的文身、黥面。宋代、明代的中原妇女因缠足而形成"三寸金莲"的小脚文化现象。林语堂在《吾土与吾民》一书中认为:缠足无疑起源于宫廷。男人喜欢把妇女的脚与鞋看作恋爱的对象。一双"金莲"所要表达的就是"瘦""小""尖""弯""香""软"等,说明专制社会的病态审美标准,只有身处其中的人们才能体会。

上述这种现象表明:世界上不同社会文化背景的人们出于自身的各种特殊需要,将身体结构与自身文化中

的价值观相联系,赋予身体结构各种相应的文化意义,使其成为表达审美观的象征符号。在这里文化价值观决定其审美观。

▶ 语言民族学

中学生:每个民族都有自己的语言,是这样的吗?

M博士:对,海德格尔曾经说过:人活在自己的语言中,语言是人"存在的家",人在说话,话在说人——语言民族学是民族学重要的分支学科。我国55个少数民族中,大多数民族有自己的语言。有的民族既使用本民族的语言,又兼通一种或几种其他民族的语言。新疆维吾尔自治区的一部分蒙古族兼通汉语、维吾尔语和哈萨克语,塔吉克族、柯尔克孜族、塔塔尔族兼用维吾尔语;青海省一部分蒙古族兼通藏语与汉语;西藏的门巴族、珞巴族兼用藏语。

各民族语言大体可归入5个语系,即汉藏语系、阿尔泰语系、印欧语系、南亚语系和南岛语系。每个语系内部又可以按语言之间所属关系的相近程度划分为不同的语族和语支。其中属于汉藏语系的少数民族最多,共有34个,主要分布在中南和西南地区;属于阿尔泰语系的少数民族有18个,主要分布在西北、华北和东北地区;属于南亚语系的少数民族有3个;属于印欧语系的少数民族有2个;属于南岛语系的少数民族有10个。(马学良.语言学概论.武汉:华中工学院出版社,1981)

中学生:历史上我国少数民族使用的语言文字有哪些?

M博士:我国历史上的少数民族曾经分别使用了西夏文、突厥文、回鹘文、契丹文、察合台文、于阗文等十余种古文字,这些文字现在作为语言人类学科研究的对象,只有少数学者能够识读。在中华人民共和国成立以前,我国21个少数民族有自己的传统文字,其中蒙古族、藏族、傣族、锡伯族、朝鲜族、维吾尔族、哈萨克族、乌孜别克族、柯尔克孜族、塔塔尔族、彝族、俄罗斯族有和本民族语言相一致的通用文字;满族在清代使用满文;纳西族、苗族、景颇族、傈僳族、拉祜族、佤族虽有文字,但有的早已不通用了。

民族语言是文化传承的载体,各民族的口头民间传说、诗歌散文、传记文学、谚语格言、歌谣赞词等蕴含着丰富多彩的文化知识与生态智慧。北方各民族书面文献与口碑资料中记录了有关地理、生物、兽医、医药、方志、游记等方面的知识。党项时期的西夏文《圣立义海》详尽反

映了西夏人的宇宙观、区域观、生物观;西北维吾尔族的《福乐智慧》《突厥语大词典》反映了早期突厥人的宇宙观。藏族的《汉藏史集》《贤者喜宴》等历史文献阐释了不同区域的环境、物产、人文及历史演变;《四部医典》对青藏高原生物资源和医学有详尽的分类。以回鹘式蒙古文为基础的《蒙古秘史》《蒙古黄金史》《蒙古源流》是蒙古族著名的三大历史文学名著。这些著作是以语言、神话、文字及各种象征符号构建起来的民族文化整体系统。

藏族说唱体长篇英雄史诗《格萨尔》、蒙古族英雄史诗《江格尔》和柯尔克孜族传记性史诗《玛纳斯》是非常著名的世界三大英雄史诗。

三大英雄史诗的共同特点是:以歌颂民族英雄为主题,描述英雄不畏强暴,降伏妖魔,抑强扶弱,造福人民,创造优美生存环境的英雄业绩;史诗流传的时间跨度非常之大,从产生到流传至今已有一两千年之久;涉及空间宏大,包容大小不同族群和地区,纵横西部高原数千里;三大英雄史诗篇幅巨大,内涵广阔,结构宏伟,是反映各民族社会、信仰、民风、语言、文学的一部百科全书;三大英雄史诗都产生于高原游牧族群,《格萨尔》产生于羌塘高原和三江源高寒游牧族群;《江格尔》最初产生于西部德都卫拉特蒙古人中,《玛纳斯》反映了柯尔克孜族游牧定居历程。

所以,语言是个人族群的象征符号,语言不仅是人类最重要的交际工具,也是各民族文化的重要因素。我国政府一贯坚持汉族和少数民族语言文字一律平等的原则,坚持各民族都有使用和发展自己语言文字自由的政策。《中华人民共和国宪法》规定:"各民族都有使用和发展自己的语言文字的自由。"《中华人民共和国民族区域自治法》规定:"民族自治地方的自治机关保障本地方各民族都有使用和发展自己的语言文字的自由。"

▶ 象征民族学

中学生:什么是象征民族学?

M博士:民族学中的象征,是指人类文化的符号;世界各民族的历史文化其实是以象征符号来表现的,不同的民族文化有不同的象征符号体系,它是不同的民族或群体对其所处的世界的不同理解。象征民族学是把各民族文化当成象征符号体系加以探讨。博厄斯的《原始艺术》、杜尔凯姆的《宗教生活的基本形式》、列韦的《野性的思维》、莫斯的《礼物》,林奇的《文化与交流》等是象征民族学的代表作。

中学生：我看联合国开大会时悬挂着各个国家的国旗，上面的色彩、图案各不相同，这是一种文化象征吗？

M博士：国旗是一个国家的文化象征，国旗图案体现民族文化信仰。世界各民族都有自己的文化象征符号。

德国哲学家卡西尔在《人论》中说：与其他动物相比，人不仅生活在一个单纯的物理宇宙之中，而且生活在一个符号宇宙之中。语言、神话、艺术和宗教则是织成符号之网的不同丝线。在长期的生存中，各民族创造了象征天空、大地、生物、生产、生活各个领域的信仰符号与文化象征。

中学生：能列举一下世界各民族在各领域的文化象征符号吗？

M博士：我们先说说古代西亚和南亚民族的天空信仰象征符号。

- 古代西亚民族信奉天神，最突出的象征是天神神灵；而神灵是创造性想象或者是虚构的产物。根据著名信仰史专家伊利亚德的研究：西亚民族建构了八角星、狮子、红玉髓、太阳神、新月、星星，将它们作为天神的象征符号。

- 公元前4000年的古代苏美尔人创造了月亮女神"南那"、太阳神夏马西和金星女神伊施塔尔之父,共同组合成天空三神。

- 古代埃及创造宇宙秩序的女神玛阿特,是宇宙真理、公平的化身,也是每年负责治理尼罗河河水泛滥的女神;太阳神驾着马车,每天从东方驶向西方。

- 古印度吠陀时代信仰梵天,它是各种自然力量的人格化神灵。

- 古代希腊人创造了奥林匹亚诸女神;而宙斯是天空与雷电之神的象征。

- 古代波斯人创造光明的神灵是阿胡拉·玛兹达,其象征符号是双翼日盘,由人的上半身、双翼、圆盘、鸟尾等组成,象征着光和火,如同发光的太阳、月亮、星辰、金属,是光明、光芒、活力、纯洁和至善的化身。

- 金字塔象征:金字塔是古埃及最高的建筑,象征永恒、巩固,是埃及法老死后灵魂通天的通道,是坚不可摧的法老保证民族不朽的体现。

中学生:古代华夏民族作为农耕民族,崇拜大地山河。大地文化象征有哪些?

M博士：我国古代各民族创造了神圣大地信仰象征文化。

- 土地——女神的象征。古代神话中将土地的肥沃与女性的生殖力联系在一起；土地被等同于大地之女神。大地之女神都是通过单性生殖创造生命的。

- 先秦时期华夏民族以大地、高山、江河为文化象征。《史记·封禅书》回顾五帝时代祭祀的山有嵩山、恒山、泰山、会稽山、华山、岳山、岐山等；祭祀的水有河水、江水，指黄河、长江。

- 秦汉王朝以来中原五岳崇拜。五岳是最具有疆域象征性的名山，它们是庄严的"地德"的神圣象征，曾有各类封号，它们大跨度的东、西、南、北、中的布局，成为王朝国家的疆域坐标、国土象征及地理框架，是世俗王权天下的象征。

❋ 延伸阅读：五岳与五镇崇拜

五岳：战国时期已出现五岳之说。五岳神山由古代"五行"演化而来，代表方位及五种物化：西岳象征"金"，东岳象征"木"，北岳象征"水"，南岳象征"火"，中岳象征"土"。五岳、五行、五方、五色与四时结合，形成有序的时空宇宙结构，即东方青色为春，主万物出生；南方赤色为夏，主万物生长；西方白色为秋，主万物成熟；北方黑色为冬，主万物收藏；中央黄色助之于四时。从五岳山势地形上看，"泰山如坐"，形大稳立；"华山如立"，高峻陡峭；"恒山如行"，山高有翼；"南岳如飞"，形如鸟翼；"嵩山如卧"，因东西走向长，如人卧一样。

五镇：秦汉以后正式确认中国五大镇山（简称五镇）——东镇沂山，西镇吴山，南镇会稽山，北镇医巫闾山，中镇霍山——古人认为"名山，安地者也"。五镇，如同五岳，是九州大地网格中的枢纽，象征王朝国家的长治久安。

• 青藏高原神山圣水象征。高原海拔高，高山环绕，高原民族自古崇拜昆仑山、唐古拉山、冈底斯山、念青唐古拉山、喜马拉雅山、巴彦喀拉山、日月山、祁连山。青藏高原是亚洲大陆上众多江河的发源地，高原人敬畏长江、黄河、怒江、澜沧江、雅鲁藏布江这样的大江大河。青藏高原湖泊有1 020个，著名的圣湖有班公措、拉昂措、玛旁雍措、昂拉仁措、当惹雍措、色林措、纳木措、羊卓雍措、青海湖、扎陵湖、鄂陵湖、哈拉湖等。这些高山、湖泊成为各民族崇拜的神圣对象。

- 青藏高原的拉则、敖包、玛尼石堆是祭祀天地的神圣标志。拉则是在高原山口、山坡、主峰、边界等处用土石所堆砌的石堆,里面埋藏粮食、珠宝类的宝瓶或者兵器等物,垒起的石头堆上插有柏木、桦木、柳条及长箭、长木棍、长矛,并系白羊毛、哈达等。

- 蒙古高原诸民族崇拜阿尔泰山、杭爱山、哈尔古纳山、扎拉门山、兴胡兰山、阿拉善山、毛尼山、肯特山、准噶尔山、巴颜珠日赫山、博格达乌拉山和葱岭等;保护克鲁伦河、额尔齐斯河、奥尔汗河、爸楞格河、额尔古纳河等江河湖泊,并视其为神圣而纯洁的水源。

- 巨石崇拜。青藏高原东部的羌族中奉白石为保护神,将其放至房顶,护佑平安;将其放至田地,带来丰收。在蒙古高原、青藏高原矗立的巨石象征草原英雄。同样,在英国威尔特郡索尔兹伯里平原上矗立着新石器时代的"巨石阵(Stonehenge)":在圆形土堤和沟壑所环绕的土地中央,大概有80块列石呈环形排列。

中学生:北方民族是如何创造森林文化象征的?

M博士:我国古代北方森林草原民族创造了适应森林草原环境的文化象征:

匈奴在强盛时期生存在贝加尔湖地区以东的森林区

域和萨彦岭草原－疏林区域,他们敬畏森林,每年定期祭祀树木。

回鹘、突厥中流传有巨树之丘产生的男婴,从而成为族群始祖的神话。

蒙古族传说中的树木大多是女性,能够生育儿女,象征女神生产万物。东北蒙古族崇拜参天大树,认为高高耸立的乔木使人敬畏:它下与地的脐带相连,上可以伸至天际,是沟通天地的阶梯。巴尔虎部落蒙古人的神树神话认为宇宙之中心或者大地的肚脐上,耸立着一棵最高、最大的巨树,树梢上住着天神;如果把牛一般大的石块从大树顶上抛下,要过50年后才能着地。

满族把柳树看作生命之神、再生之神。柳树被神化为族群的始祖女神。女神通过柳树创造了一个民族。柳枝是女神的象征,也是生命胚胎的象征。人和万物是由柳叶化生出来的。

中学生:动物象征能体现出怎样的文化价值观?

M博士:动物形象作为文化象征,在不同民族有不同表现:

青藏高原族群以动物作为不同生境区的标志性象

征：柴达木盆地及青海湖盆地草原适合游牧马、牛、绵羊、山羊，三江源、可可西里高寒草原是牦牛和藏系绵羊的生存地，这些动物是青藏高原高寒草原标志性动物；高原东部河谷放养犏牛、骡、山羊、驴等，它们是农耕－畜牧结合地区标志性饲养动物。

北方草原游牧民族一般不饲养猪，因为猪是杂食动物，啃食草地植物，破坏草地，不适于游牧饲养。

考古发现，从地下出土的古代华夏民族器物上祭祀的动物形象丰富多彩，例如：

饕餮纹，一种兽面纹，是由牛、羊、虎、鹿、山魈等动物的一些特征综合而成的，是华夏民族原始祭祀礼仪的符号标记。

鸟纹：文献中一般认为凤鸟是商人的图腾，"天命玄鸟，降而生商"。

龙纹：有人认为龙的原型来自雷电的勾曲之状或者蠢动的蛇虫、萌生的草木、雨后彩虹等。这样龙就成为这些自然物的象征符号了。但是汉朝之后有人将龙的形象升高为帝王象征了。

中学生：我们看到一个古代器物往往会成为一个时代的象征物。

M博士：是的，我国古代思想家提出，文明进步的标志性器物之象体现在木器→石器→玉琮→青铜器→铁器的演变上；战国时期的《越绝书》中明确提出轩辕、神农时期以石为兵，黄帝之时以玉为兵，大禹之时以铜为兵。这里的木器、石器、玉器、青铜器是不同文明时代的标志性文化象征物。

我国历年来出土的古代器物丰富多彩。玉琮与玉璧：象征以礼天地四方。考古学上，圆形的玉称为璧，而方形的玉称为琮。西周以来的祭祀礼仪中，琮象征天圆地方。

四川三星堆遗址出土的黄金面具，其眼睛部位是突出的，耳朵很大，可能象征天神的神通能力；国家博物馆陈列的后母戊鼎，象征着国家权力；太极图是我国典型的文化象征物（太极图阴阳两鱼相拥相依，称为"阴阳鱼太极图"）。阴阳鱼太极图是一个立体浑圆的统一体，中间以一条流动的"S"形曲线分开。"易有太极，是生两仪，两仪生四象，四象生八卦。"太极图表现出宇宙万物之结构自有秩序：万物负阴而抱阳。它表明万物生化皆由此生出，并且由此而生出生命的运动节律。

❋ 延伸阅读：新石器时代器物文化象征

我国新石器时代宇宙信仰的典型考古类型是红山文化、良渚文化与齐家文化；青铜器时代标志性器物是四川三星堆出土的公元前3500～公元前2100年的礼器、容器以及玉器、陶器及祭祀台等。玉器、黄金是草原民族文化的象征，也被后人作为个人品质、气质、人格的象征。

标志性彩陶出现在公元前2000年以前的黄河上游流域马家窑文化遗址。马家窑彩陶盆中最著名的是舞蹈纹彩陶盆。陶盆的内腹壁绘制着正在欢快地跳舞的人物，每五人一组手拉手，共三组十五人。陶器上刻画的十字纹、宇宙性符号"卍"，距今已有六七千年了。专家认为"卍"符号乃太阳神的象征。

中学生：草原民族是如何认识色彩文化象征的？

M博士：草原环境色彩的认识是北方草原民族生态文化的重要参照。草原民族将颜色与方位建立了联系：黑色指北方，蓝色指东方，红色指南方，白色指西方。这种认知与北方草原游牧文化系统相关。例如：

白色在草原民族中一般意味着纯洁珍贵、生物多样、环境优美、水草丰富等。天空中飘逸着的白云、地上矗立着的皑皑雪山、草地上的绵羊,都呈现白色;日常生活中洁白的乳汁,用白色羊毛做成的蒙古包,外白内黑的皮帽和皮衣,象征纯洁而珍贵。

黑色象征伟大、宏伟、强大、巨大,有时也象征神圣。

蓝色为草原牧民所尊崇,是因为蓝色的天空表明这是个天高气爽的好日子,乌云风暴是暂时的,而蓝色的天空是永恒的。古代蒙古人将自己生存的苍茫草原称之为"蓝色的蒙古高原",是期望草原永恒、游牧生活长青。

绿色。绿草象征草原,绿树象征森林生命力;绿色是草原在夏季的典型色源景观,是生命、生机和繁荣的象征。

黄色是高贵与神圣的象征。蒙古人认为,黄色是黄金的颜色。金色是美好的颜色,它能够代表所有的基本颜色。内蒙古自治区伊金霍洛旗的成吉思汗陵园是以黄色琉璃瓦镶嵌的穹庐顶建筑物,大殿内穹顶装有金色宝顶。

红色代表着太阳,代表着火,象征着温暖、幸福和希望。

中学生:各民族是如何认识数字文化象征的?

M博士:"数"是古代东方民族解释自然、构建宇宙

重要概念。"数"包括定量之数和定性之数,是各民族时空概念的象征性指代。古希腊著名数学家、哲学家毕达哥拉斯认为凡物皆数,意即数是事物的原型,并构成宇宙秩序。

北方草原民族传统宇宙观中最重要的数字是"三""七""九"。"三"是对冬天夜空中三星的崇拜(三星在古代西方国家被称为猎户座);"七"是对夏天夜空中的北斗七星的崇拜(北斗七星在古代西方国家被称为大熊座)。"九",象征九重天。

草原民族把宇宙划分为三界:天(白色的)、地(黄色的)与地下(蓝色的),使用白、黄、蓝三色旗,象征着天、地、地下。"三因"是构成事物的最佳组合。青海湖地区的藏族人崇拜神湖,每年以磕长头的方式围湖绕行三周;婚礼中新娘离家前绕家三圈,到男方家要有三拜,即一拜土地,二拜家神,三拜父母。来客每人要喝三杯青稞酒。喝酒前,要用无名指蘸酒向空中弹三下,以示敬天敬地敬神。

古代西亚族群崇拜七曜,即日、月、火星(战神)、水星(智慧神)、木星(众神之王)、金星(爱神)、土星(胜利神)七位主神。草原民族赞美北斗七星。由此产生了七户人为祖先的传说:青南藏北草原流传着族群源于迁来的七户牧民的传说。一些牧民将自己祖先追溯到北方而来的七户牧人。

"九"象征极多。古代草原民族神话中天神生下了9个儿子、9个女儿。9个儿子,称为天界九神;9个女儿,称为地界九女神,他们创造了天地、人类、万物。神话认为"腾格里天神"有九十九个,九十九不表示具体数字概念,而表示抽象意义的"多"。在时间上把过去概括为"过去九十九年",把未来概括为"未来九十九年"。

▶ 影视民族学

中学生:我看过一部反映云南少数民族的电影,很有意思。

M博士:民族志影片属于影视民族学的作品。

影视民族学(Visual Anthropology)出现于20世纪60年代。影视民族学是以影像与影视手段表现一个族群的文化。影视民族学以照片、电影胶片、录像磁带、数字照相(录像)机、电脑多媒体为载体,提供了一种通过镜头观察文化的新视角,为研究与理解文化、社会、身份与历史开辟了新途径。我国民族学家于20世纪30年代至60

年代拍摄的各民族生产、生活的影片,成为民族学珍贵的历史教学资料。近年来由中央民族大学、中国人民大学影视民族学者参与拍摄了《中国节日影像志》《中国史诗百部工程》《中国唐卡文化档案》等大型民族志作品;"国家非物质文化遗产传承记录"影视作品成为表现各民族传统文化的优秀作品。

✤ 延伸阅读:人类起源影片

BBC纪录片《人类起源》共六集:由猿变人、古老的接触、降生、躯体、原始的爱、迁徙。影片描述道:

人类学家在非洲发现了一个已有250万年历史的孩童头骨。140万年以前,"直立人"诞生。25万年前原人人类进行分工及有组织的捕猎活动,而且懂得互相有效地沟通。原人两人家庭也许是爱情的开始。3万年前,现代人替代了欧亚原人;1万年前,人类已经到达大洋洲,人类为何要这样做呢?

由猿变人——考古学发现的古壁画构图复杂,这便是人类有象征性思想的证据;在33 000年前,我们的生物进化终于完成,开始有一套自我的价值观,我们成为完整的人类。

电影《人类的起源》简介：

该影片是用镜头记录人类世界发展过程的经典之作，记录了人类在演化过程中必须面对的许多艰难与危险。无论今天我们的肤色是黑色、白色、棕色，还是黄色，我们都是同一个祖先的后裔。凭借着顽强的生命力，祖先把他们的认知留给后代，我们才能追溯自己的本源，去研究我们的过去并追随他们的脚步。

美美与共：学习民族学的意义

各美其美，美人之美，美美与共，天下大同。

——费孝通

▶ 中国民族学的贡献

中学生：民族学研究有没有实际用处？

M博士：我在这里说说中国民族学对我国社会发展和文明进步做出的贡献。

20世纪30年代开始，民族学作为一门专门的学科被引进中国，当时翻译出版了美国人摩尔根、英国人泰勒等学者的人类学著作；有些大学开设了民族学人类学课程。1934年，中国第一个民族学会成立。蔡元培、吴文藻、费孝通等著名民族学家、人类学家留学西方发达国家人类学系，回国以后用文化人类学、社会人类学关于民族平等、文化多元的观念建构中国民族学叙事系统，对广西瑶族、云南各民族、黑龙江赫哲族、湖南苗族等进行实地调查。同时考古学家李济等开展了体质人类学的研究。这种研究对国人树立民族平等观念，关注边疆建设起到了积极作用。

1949年中华人民共和国成立后，中国民族学家以马克思列宁主义、毛泽东思想为指导，深入我国边疆森林草原地区进行调查研究，进行了少数民族的识别工作。1954年，全国自报的民族有数百个，人类学家对此进行民族学的调查后，公布中国共有55个少数民族，加上汉族总共56个民族。这是"对世界应用人类学的发展做出了特殊贡献"。

20世纪50年代，中国民族学家实地调查各少数民族社会经济状况，研究少数民族社会性质，认为少数民族中存在封建制度、封建农奴制、奴隶制，还有约70万人保存着原始公社制或原始公社制残余形态，并将这些作为进行民主改革的科学依据。中国民族学家撰写了《少数民族简史》《少数民族简志》和《少数民族自治地方概况》三套丛书，成为中国民族志研究成果。

✻ 延伸阅读:中国的民族识别

费孝通先生在《关于我国民族的识别问题》中说:20世纪以前民族的界限不是很明确,比如有些汉人迁居到了少数民族地区,长期保留着汉族的特点,但是以当地人的民族名称作为自己的民族名称,被列入少数民族行列中;早去的汉人与后去的汉人,在语言、风俗习惯上有一定的区别,他们自己要求承认是少数民族,例如贵州的穿青人、广西的六甲人等;有些少数民族在民族压迫时代,不愿意承认他们是少数民族,例如,湖南西部的土家人等;原来同是一个民族的各部分,后来迁移到了不同地区,被其他民族用了不同的名称相称,报了不同的民族名称,例如广西的布壮,云南的布沙、布侬等……最后根据马克思主义民族识别理论进行了识别、归并、认定。

▶ 民族学努力为现实服务

中学生:进入新时代,民族学能否成为一门显学?

M博士:21世纪,民族学有望成为一门显学。因为21世纪是经济全球化、人口城镇化、社会信息化的时代,人口流动加速,社会急剧变迁。人类社会面临许多新的问题,如社会福利、社会公平、卫生、环境、贫困等,由此推动了以解决问题为目标的应用民族学的快速发展。应用民族学研究各民族的经济发展、能源开发、环境、农村发展、都市发展、人口控制、教育、疾病防疫、族群关系、文化传承等问题。

民族学还研究民族志各个方面:例如,种族来源、人口分布、区域环境,中国民族、亚洲民族、世界民族,民族文化、宗教、语言、习俗、经济、政治、教育、医学、生物、地理。它是一门综合性的学科。

为现实服务、为国家服务,是中国民族学的传统之一。现在我国要成为世界强国,实现"两个一百年"奋斗目标、实现中华民族伟大复兴的中国梦,就需要学习民族学、发展人类学。我们要走向世界,就需要开阔视野,放眼全球,通过民族学人类学了解和认识世界民族文化价值。

党的十九大报告高瞻远瞩地提出构建人类命运共同体的重要思想。民族学关于尊重文化多样性的理念,可以启迪人们尊重文明的多样性,促进不同民族、不同文化的交流对话,和平共处,实现和而不同、共同发展。

我们要传承中华民族优秀传统文化,增强国家文化

软实力,也需要民族学的发展。近年来,中国民族学侧重于国家认同、中华民族共同体、民族问题及民族政策、民族关系、国家民族治理等研究,同时开展少数民族城市化、文化的一体化与多元化、民族教育、生态移民等热点问题研究,取得了良好的社会效益。

民族学各个分支学科在推动社会发展、文明进步事业中可以发挥学科优势作用,这里列举几例:

★ 发展民族学研究

发展民族学是一门从人类学视野出发,运用民族志等方法研究各族群经济制度和行为的学科。不仅描述人们的生产、交换、分配和消费方式,还进一步比较研究这些系统运作的社会效益与公共价值。

发展民族学强调人类学在各种发展项目和计划中的决策咨询作用,从而使这些发展项目和计划更适应公众社会,更符合科学、理性原则,因此提倡"以人为先"的发展理念。早在20世纪80年代,发展人类学家针对一些欠发达国家片面追求生产总值指标,造成贫富差距拉大,社会基础设施落后,环境污染严重的状况,倡导发展应公平、公正,将发展成果用于改善人们的基本生存保障。注重社会保障、公共服务、民众教育、环境保护事业的发展。

这些主张在今天仍有其意义。

➡ 都市民族学研究

都市民族学研究城市化发展的社会影响。民族学家一直关注城市化对各民族生存及文化传承的影响,并努力寻求解决办法。

都市民族学研究城市社会关系类型和社会生活模式,并将其不同的文化历史背景进行比较,例如,研究城市邻里区域、社会网络;都市民族学还研究大型都市中的社会问题,例如,犯罪、社会秩序紊乱、贫困、无家可归等。美国人类学家的研究揭示了美国都市社会存在的种族歧视、族群社区隔离、阶级和性别差异等问题。

我国民族学家关注各民族城市化进程。21世纪初,我国人口城镇化水平已经提高到60%;而东部地区城市人口比例达到68%以上。城市化发展带动了少数民族地区的现代化发展。东北地区的朝鲜族、赫哲族、鄂伦春族、鄂温克族、俄罗斯族、回族的城镇人口比例都达到72%以上;蒙古族、满族、达斡尔族、锡伯族四个民族的城市化率达到68%。这些民族已经从传统的森林狩猎民族、草原游牧民族和农耕民族转化为现代城市民族。城市化进程中大城市的扩张使农村牧区小城镇成为大城市

的延伸点,各民族族际相互通婚,不同民族共同生活在同一城镇社区,相互接触、交往频繁。但是也存在如何保存、传承民族传统文化及多元生活方式的问题。

✳ 延伸阅读:城市民族的交流和交融

21世纪初期,东北森林地区的鄂伦春、鄂温克、赫哲、俄罗斯族人与异族通婚百分比分别达到85.78%、65.21%、84.15%、82.91%。这四个民族的异族通婚率在全国各民族中较高。异族之间通婚的普遍化使少数民族青年在婚姻对象选择上不再局限于本民族、本地区,而是更多更广泛地在同一行业、职业及朋友中选择。在城市中,由不同民族人口组成的家庭更为常见。城镇化促进了各民族的交往、交流和交融。

★ 灾害民族学研究

中学生:怎样判断"自然灾害"?火山喷发算作自然灾害吗?

M博士:"自然灾害"的概念其实是人们从自身的利害出发得出的一种主观判断。火山喷发、洪水泛滥、天气干旱都是自然现象。如果自然现象造成人类生命财产损失与资源破坏,人们便称之为自然灾害;但是如果火山喷发无损于人类,相反,给森林农田带来了大量肥料,人们则称之为正常的自然现象。灾害民族学是研究人类如何对待自然灾害,如何认识灾害文化,如何进行灾后调适的。

民族学中关于自然灾害和社会灾害的研究,对我们认识环境、资源、气候、人口、战争与生计方式的相互关系及其脆弱性,具有重要的意义。灾害民族学研究可以揭示一场灾难后族群何以再现,某一族群有哪些综合策略来应对灾难,检讨自然社会灾害发生的因素,如农业的扩大化、无序开采地下资源、人口增加、环境退化和脆弱性的增大等。因此,救灾与重建、减少环境与人工设施脆弱性以及应对气候变化,是灾害人类学关注的问题。

另外,民族学通过考古学,探讨历史上发生的特殊灾难的起因,研究不同地区、不同族群发生灾难的环境因素与社会原因,增进对导致灾变的物质与社会进程的了解。

❋ 延伸阅读:人类学的灾难考古——喇家遗址

喇家遗址位于青藏高原与黄土高原过渡带的青海省民和县官亭盆地。考古人类学家发现:当时(公元前4000年前后)的西北族群以放牧为主,同时种植青稞、大麦,文化

比较发达。但是从公元前3000年前后开始,出现了全球性气候恶化,西北干旱地区气候干旱日益突出。长期干旱以后,又发生了大地震与暴雨山洪泥石流等灾害。

考古人类学研究表明,公元前3850年与公元前3600年黄河上游发生两次大地震与暴雨山洪泥石流。高强度的暴雨与巨大规模的山洪泥石流滚滚而来,淹没、破坏了农田土壤,摧毁了喇家族群村落,造成了地面塌陷、建筑物倒塌和房屋窑洞内人口群体性死亡。

黄河北岸齐家文化聚落遭受如此的灭顶之灾,从而被彻底废弃。这是气候恶化及其造成的大规模灾难性地表过程。考古人类学以此考证气候、环境与族群生存的依存关系。

★ **医学民族学研究**

西方国家开展的医学民族学研究,是面向世界殖民地的民族志研究,包括跨文化医疗系统(如不同民族、不同历史阶段之间)的比较研究,与人类学有关的营养、人口、出生、年龄、药物滥用、社会流行病学等问题以及族群遗传多样性、人种心理学、生物医学的文化分析,还包含古病理学和疾病人种历史学研究及临床应用人类学。例如,研究课题有"苦痛与疾病的社会根源""谈病说痛——

人类的受苦经验与疗愈之道""基因多态性与遗传性疾病""从遗传学探讨某一族群的源与流"等。

现代医学人类学来源于体质人类学。体质人类学主要研究人类的体质、构造、起源、演化、人种,乃至基因遗传等。当代体质人类学的相关领域包括古人类学、人体测量学、法医人类学、人骨学与营养人类学等。这种研究与医学结合,有助于了解不同种族或人群体质构造的异同和在不同生活条件下人体的变化规律,揭示不同族群的体质演化。它在人们客观地认识自身,扫除迷信,反对种族歧视和种族压迫,改善人们的卫生健康状况,促进社会经济繁荣发展等方面起着十分重要的作用。

❋ **延伸阅读:中华各民族多样性的医药学**

民族医药学是指各民族传统医疗实践和相关药物知识。在中国,民族医药学包括传统中医,还包括藏医学、蒙医学、维吾尔医学、傣医学、壮医学;还有苗族、瑶族、彝族、侗族、土家族、朝鲜族等少数民族的医药传统,被我国卫生管理部门统称为"民族医药学"。藏族的《四部医典》《晶珠本草》,蒙古族的《蒙医学大全》等,是民族医药学的经典著作。

★ 传染病的民族学研究

民族学研究者以一个带有普遍性的生物医学问题作为切入点,探索不同文化的对应策略。例如,20世纪我国民族学家深入边疆民族地区调研,考察生物因素和生态环境的作用,从食品的"家野之分"讨论了人畜共患疾病的威胁;在西北地区发生鼠疫期间,针对不同民族对病患死亡者尸体处理以及丧葬形式等的研究,提出了防止疫情扩散的措施。

2020年,在全球抗击新冠肺炎病毒战役过程中,各个国家各个民族给出了不同的措施。西方有些国家把防疫交给个人,主张个人自由与个人权利,导致防疫失控;而中国在政府的强有力领导下,全国人民团结一致,同舟共济,成功地控制了病毒的传播。民族学家以人际网络和生活方式作为切入点,分析社区疫情防控的途径,探讨传统的集体主义与个人主义的不同作用。整体观文化和集体主义强调个体之间相互依存,主张个人从属于社会,个人利益应当服从民族和国家利益。这对化解疫情危机起了巨大的保障作用。

★ "一带一路"的开通:中国民族学人类学走向世界

一位英国历史学家说:"'丝绸之路'曾经塑造了过去

的世界,甚至塑造了当今的世界,也将塑造未来的世界。"历史上的"丝绸之路"曾经促进了东西方文化的交流、交融。

21世纪我国提出了共建"一带一路"倡议。"一带一路"立足于长远,贯穿亚欧非大陆,一头是正在上升的东亚经济圈,一头是发达的欧洲经济圈,中间西亚、北非广大腹地国家民族文化丰富多样。中国民族学人类学家响应"一带一路"倡议的实施,顺应世界多极化、经济全球化、文化多样化、社会信息化的潮流,致力于亚欧非大陆各民族文化的互联互通。人类学家通过探讨历史悠久的亚欧非各国各民族草原文化、森林文化、农耕文化、宗教文化,探索促进人文交流的途径,倡导跨越不同区域、不同文化、不同宗教信仰的交流互鉴、求同存异、兼容并蓄、和平共处、共生共荣。

❋ 延伸阅读:"丝绸之路"上的各民族交往交流

"驼铃古道丝绸路,胡马犹闻唐汉风。"古代"丝绸之路"在东西方架起了一座交流物产、连通族群交往的通道,对欧亚各民族交流融合和东西方经济文化交往都起到了十分重要的作用。

古代"丝绸之路"有草原道、绿洲道、茶马道以及海上

道四条。活跃在"丝绸之路"的古代各族群有汉、乌孙、匈奴、鲜卑、柔然、吐谷浑、突厥、吐蕃、回纥、契丹、党项、蒙古等;参与近代"丝绸之路"贸易的有汉族、藏族、蒙古族、维吾尔族、哈萨克族、回族、东乡族、保安族、塔吉克族、乌孜别克族、塔塔尔族等;中西亚与南亚的族群有大宛、康居、大月氏、大夏、安息、身毒、于阗等。各族群在"丝绸之路"的贸易活动中促进了西亚、北亚、中亚与中原各民族相互交流和经济文化的发展。

元朝时,中西交通空前畅通,文化交流频繁。中国的雕版与活字印刷术、火药等通过"丝绸之路"传到欧洲,欧洲和阿拉伯的天文、数学、医药、建筑等科学技术也传入中国。另外一些生活日用品,如石榴、葡萄、胡葱、胡萝卜、大蒜、菠菜、芫荽、苜蓿,都是自汉朝起陆续从西域传入的;唐朝时,"丝绸之路"各地方受西域文化的影响,穿胡服、习胡俗、食胡饼、听胡音成为时尚,西方的乳香、硇砂、玉石、珊瑚、玛瑙、琥珀、琉璃等被大量转售到中国。

▶ 科学研究的态度与方法

中学生:民族学的研究方法有何特长?

M 博士:民族学经过近 200 年的探索,已经建立了系统而科学的体系,有明确的研究对象,形成了科学的理论体系、学科体系、学术规范、学术语言。同时提出了科学研究的准则和方法,值得我们在学习中体会。

民族学有一个显著的研究方法,即实地考察的方法,也称为"田野调查"方法。民族学前辈们深入边远小族群中,与之共同生活数年,通过观察、访问、参与活动,全面了解认识一个族群的生计与文化整体。

民族学还提供了科学研究的具体方法,例如,"多学科交叉法""三重证据法(考古—文献—田野考察)""大胆假设,小心求证——宏观研究与微观考证结合";同时,也提出了学习研究民族学的基本规范,例如,遵循学科规范,守护学术范式,明确社会公理。学习研究对象的语言和文化;尊重研究对象的多元文化;尽可能地在当地生活,从当地角度来看一个生命的完整周期;尽可能地全面搜集资料,并有义务在使用资料时避免断章取义;尊重相关人士的文化、人格和隐私;尊重相关研究的知识产权;承担国民教育的责任,积极参与生产,掌握现代国家的公民常识,为个人能够善意处理自然的、社会的、文化的多样性提供知识和经验。

民族学研究提出了明确的研究对象,即人类族群及

其文化现象,形成了体质民族学、社会民族学、文化民族学研究的分支学科;民族学研究中形成了大家公认的学术公理或者定律。离开基本公理,不顾学术规范而胡乱说,则是一种不好的学风。

▶ 树立理性的价值观

M博士:党的十八大提出社会主义核心价值观:富强、民主、文明、和谐是国家层面的价值目标;自由、平等、公正、法治是社会层面的价值取向;爱国、敬业、诚信、友善是公民个人层面的价值准则。它反映了中国社会的公理,也是认识和协调民族关系的准则。

学习民族学知识,可以帮助我们领会自由、平等、公正、法治的民族关系价值观,纠正一些狭隘、偏执的价值观,树立理性的幸福观、文明观、价值观、宇宙观。

民族学提供了一种尊重文化多样性的包容观念,倡导"海纳百川,有容乃大,和而不同,兼容并蓄"的博大胸怀,认识"万物并育而不相害,道路并行而不相悖"的道理。1990年,著名的人类学家费孝通先生在日本提出了协调世界族群关系的价值准则——"各美其美,美人之美,美美与共,天下大同"。这是人类走向未来的宽广大道。

学习民族学可以使人变得更宽容。有的人对其他民族的习俗行为感到无法理解,但是学习民族学后就会有所改变。因为民族学会告诉我们:不同民族的习俗行为可能是为了适应特定自然环境与社会条件而产生的。民族学有助于不同族群之间的交流、交往和相互理解。

中学生:先说说生活幸福观。你认为怎样的生活方式最幸福呢?

M博士:问怎样的生活方式最幸福,有人说宋代人生活得最幸福,但是宋代人会说魏晋人很幸福,到底孰是孰非呢?不同层次的人对人生幸福、人生意义有不同的看法:生态人类学研究中有一种观点认为:合乎自然便是幸福的,人生的意义在于在自然中融合。自然,即自然而然的状态。一味追求财富占有,便是反自然的,也是不幸福的。生活消费仅仅是实现人类幸福的一种手段。现代社会的"消费过多"和古代社会的"消费不足"都不适于人的身体的自然需要;而"适度消费"的"度",就是人的自然身体与精神生活的需要。有思想家直言,历史上鼎盛时期不是人们最关注肉体的舒适与展示的时候,而是在其精神得到优雅升华的时刻。可能我们更需要的是伦理和审美。若是在伦理和审美之下产生了具有温文恭俭品质的人类,就可以真正留给后代一个美好的地球。

在生态民族学家看来,贴近自然的生活就是最好的生活方式。许多人都有过体会:在树木森森、溪水潺潺、小鸟啭鸣的草原自然环境中静静地仰卧,会感受到心灵在宇宙天地畅游,精神境界在扩大。森林草原族群的人在丰富多样的环境中"与他自己相遇",认识到万物的丰富多样,也体验到自己的人生奥秘。

草原环境培养了人们对自然环境的顺从、适应,日出而作,日落而息,随遇而安,作息有序,对自然更多的是顺从、敬畏。这都有益于精神与心灵的安宁平静。蒙古族人在草原上大多处于一种安全、悠然、祥和的状态。因为"真诚是一种心灵的开放"。牧民注重生存的过程,而不刻意追求最终的结果。草原上许多牧民利用放牧空隙在石头上刻六字箴言,或花十几年时间只是将一块块石头垒起来;寺院的老僧花数月时间精心绘一张佛像,完成以后即刻将其毁灭:绘图是修炼过程,与功利无关。

中学生:说说进步观。文明进步的标志是什么?

M博士:人类学研究证明:人类文明进步的标志在于精神文明的进步。历史人类学家威尔·杜兰特在《历史上最伟大的思想》一书中指出:文明进步的指标,不能从主观上定义,例如,无法定义道德水平是否在提高;也不能定义幸福的程度,虽然历史上曾充满混乱无序和兴衰不定的状态,但是从伟大时刻产生的飞跃永远不会消失。进步就是指能够通过思想和决心来控制混乱,通过制度和意愿来解决问题。思想、观念、制度是文明进步的前提。人类正是在这样的进步中越来越文明的。

就各民族的一般发展而言,伟大时刻产生的飞跃是指人类在精神上的一次飞跃,真正的文明是精神文明的提升,即树立了崇高的人生信仰。文明则是族群人生信仰的结晶。草原民族的宇宙信仰是一种崇高的信仰,它表现在草原族群礼仪道德规范、外显器物(河谷陶器、草原大石、天山玉器、青铜器、图像徽章)、表达工具(语言文字)、生境区(神山圣水、神庙祭坛)的方方面面。

许多人说古代民族的宇宙信仰是一种迷信,这是对传统文化的无知。中华民族敬畏宇宙、崇拜自然神灵的观念和信仰,根源于民族生存繁衍的精神本源,绵延存在于各民族的传统文化的长河之中。春秋战国时期,中原的道学、儒学建构了万物一体的宇宙观,建构了"道法自然""无为而治"的宇宙信仰的生态文化系统;各民族宇宙生态观体现了各民族对自然、宇宙的信仰,是一种人与自然共存、共生、共荣的宇宙生态观;宇宙世界的环境与生灵,身体与灵魂是相互依存的;自然生存环境与生命主体

相依相融;人与自然相互依存,互为一体;自然环境、自然生物、社会活动及人所创造的神灵虽各成体系,但又相互依存,共同构成一个不可分割的统一体。宇宙信仰激励人们追求一种合理的有意义的精神生活。

对于各民族宇宙信仰的研究,可以帮助我们传承传统生态文化,吸取合理的生态价值观,总结各民族生态智慧,积极为推动当前的生态文明建设服务。

中学生:人是宇宙中心,人可以征服自然、为所欲为。这种观念太偏执了。

M博士:过去我们以"一天等于二十年"的偏激观念无序开发自然资源,破坏和污染生态环境。生态民族学主张生物圈的平等,倡导多样性和共生性原则,鼓励多样性的生活方式,用生态平衡的原则处理人与自然、人与人的关系,提出人类应该尊重所有的生命体,倡导生物的多样性和共生性,构建人与自然生态共同体。

健康的生态系统是由多样性决定的,多样性才能保证生命的生生不息;生物的单一化,只能表明生态系统的衰退;生态文明是建立在多样性的"生态圈"基础上的;生态文明的核心价值观是尊重生物多样性,尊重个体生命的平等权利。

中学生：强调保护生态环境是否意味着发展停滞了？有人认为草原游牧民族无进步。这种说法合理吗？

M博士：许多人误认为草原游牧是一种落后的、原始的生产方式，已经过时了；游牧民族少有文明成果。北方诸多草原族群到今天大多无影无踪了——好像是匆匆而过，在历史长河中消失了，或融于别的民族中了，他们的文明创造看上去也似乎是了无痕迹了：一直到20世纪初，北方草原芳草萋萋、荒野辽阔，不见城池、农田、公路的踪迹。于是有历史学家认为游牧民族是没有历史的民族，草原也没有文明的进步。这恰恰是对草原文明的严重曲解。

游牧方式曾经存在了上千年，其价值不在于创造了有形的物质，而在于提供了一种与草原自然环境相融合的生活方式。现在世界各地的草原在缩小，游牧民族失去了家园。但是我国北方历史上传统游牧生活的特点是顺从自然规律，保护自然生物，融入自然环境。它适应草原自然环境，就是一种合理的生计方式。传统游牧方式严禁对草地的开发破坏，也限制家畜数量的增加，使其不超出草原牧草生产力的限度。牧民保护草原一切生物的生命权与生存权，既养家畜又保护野生动物；既要放牧又要保护水草资源，从而维护了草原生物的多样性。牧民

按季节、分地域进行游牧,可以让草地得到轮休生养,而节俭节约的生活方式使自然资源得以保存和更新。

草原自然生态为牧民提供了无穷无尽的天然养分:阳光紫外线照耀给了牧民温暖、能量,杀灭了人畜病菌;肥沃土地滋润生养万物;纯净水源永续不断,丝毫没有污染;衣畜皮毛,食畜肉乳,简单的食物足以养人;以畜粪为燃料,是对青草的循环利用。牧民们生活用具简单,并不意味着生活贫乏苦难。实际上他们认为自己的财富不在自己的帐内,而是在整个草原上。森林草原辽阔美丽,生物丰富多样。只要草原存在,牧民就有一切。草原是牧民的命根子。

草地是食草生物的世界,走到哪里都有生物生存。夜晚的天空,布满繁星,所以牧民喜欢把星星比喻成草原上的一只只绵羊;而以草原动物比喻族群社会成员,是游牧民族的思维观念。如果有人把蒙古族人比喻成骏马,把高原人比喻为牦牛,他会认为这是荣誉,是很自然而然的。

牧民有一种"羊可怜,狼也可怜"的观念,所以家畜与野生动物共生共存才能保持草原生物生命力的长久。草原游牧活动的目的是,既要照看家畜又要保护水草,一个地方野生食草动物过多,就会抢食家畜的牧草;狼平时以鼠、兔、黄鼠狼为捕获对象,冬天时这些动物会冬眠,而发生大雪灾时,食草动物急剧减少,狼就会袭击家畜;牧民围猎,是调整草原中生物竞争的必要手段,这种生存竞争只是局部的、暂时的,并不危及生物生态链的运转。

中学生:看来游牧方式的价值不仅仅是它的物质成果,更重要的是它的生态智慧与文化价值。

M博士:对其他文化传统如森林狩猎文化、农耕文化也应作如是观。学习民族学可以帮助我们传承人类优秀文化,"美美与共,和而不同",提高我们对文化现象的理解力、对是非问题的判断力以及对自然景观的审美情趣。

中华各民族优秀传统文化博大精深、丰富多彩。本书的介绍也是管中窥豹,挂一漏万。幸好我们现在有持续接受教育的机会,只要我们感兴趣,可以从大学本科一直读到博士研究生,认真阅读我国和国际上文化民族学经典著作,深入世界各地从事各族群的田野调查,成为一名行万里路、读万卷书的博学的民族学学者。

参考文献

[1] 庄孔韶. 人类学通论[M]. 太原:山西教育出版社,2002

[2] 林耀华. 民族学通论(修订本)[M]. 北京:中央民族大学出版社,1997

[3] 杨圣敏. 中国民族志[M]. 北京:中央民族大学出版社,2003

[4] 中国大百科全书总编辑委员会《民族》编辑委员会. 中国大百科全书·民族[M]. 北京:中国大百科全书出版社,1986

[5] C.恩伯,M.恩伯. 文化的变异[M]. 杜杉杉,译. 沈阳:辽宁人民出版社,1988

[6] 罗伯特·F.墨菲. 文化与社会人类学引论[M]. 北京:商务印书馆,1991

[7] 威廉·A.哈维兰. 文化人类学[M]. 10版. 上海:上海社会科学出版社,2006

[8] 绫部垣雄. 文化人类学的十五种理论[M]. 贵阳:贵州人民出版社,1988

[9] 陈明达,等. 实用体质学[M]. 北京:北京医科大学;中国协和医科大学联合出版社,1993

[10] 王建民. 中国民族学史[M]. 昆明:云南教育出版社,1997

[11] 杨圣敏,良警宇. 中国人类学民族学学科建设百年文选[M]. 北京:知识产权出版社,2009

[12] 阿兰·巴纳德. 人类学历史与理论[M]. 北京:华夏出版社,2006

[13] 周大鸣. 文化人类学概论[M]. 广州:中山大学出版社,2009

[14] 高永久. 民族学通论[M]. 天津:南开大学出版社,2008

[15] 吴仕民. 中国民族理论新编[M]. 北京:中央民族

大学出版社,2014

[16] 郝时远. 中国民族学学科设置叙史与学科建设//王延中,祁进玉. 民族学如何进步[D]. 北京:社会科学文献出版社,2018

[17] 宋蜀华,白振声. 民族学理论与方法[M]. 北京:中央民族大学出版社,1998

[18] 南文渊. 高原藏族生态文化[M]. 北京:甘肃民族出版社,2002

[19] 李力研. 人类种族与体育运动[J]. 中国体育科技,2001(6)

[20] 和少英. 社会－文化人类学初探[M]. 昆明:云南民族出版社,1981

"走进大学"丛书拟出版书目

什么是机械？	邓宗全	中国工程院院士 哈尔滨工业大学机电工程学院教授（作序）
	王德伦	大连理工大学机械工程学院教授 全国机械原理教学研究会理事长
什么是材料？	赵 杰	大连理工大学材料科学与工程学院教授 宝钢教育奖优秀教师奖获得者
什么是能源动力？		
	尹洪超	大连理工大学能源与动力学院教授
什么是电气？	王淑娟	哈尔滨工业大学电气工程及自动化学院院长、教授 国家级教学名师
	聂秋月	哈尔滨工业大学电气工程及自动化学院副院长、教授
什么是电子信息？		
	殷福亮	大连理工大学信息与通信工程学院教授 入选教育部"跨世纪优秀人才支持计划"
什么是自动化？	王 伟	大连理工大学控制科学与工程学院教授 国家杰出青年科学基金获得者（主审）
	王宏伟	大连理工大学控制科学与工程学院教授
	王 东	大连理工大学控制科学与工程学院教授
	夏 浩	大连理工大学控制科学与工程学院院长、教授
什么是计算机？	嵩 天	北京理工大学网络空间安全学院副院长、教授 北京市青年教学名师
什么是土木工程？	李宏男	大连理工大学土木工程学院教授 教育部"长江学者"特聘教授 国家杰出青年科学基金获得者 国家级有突出贡献的中青年科技专家

什么是水利？	张　弛	大连理工大学建设工程学部部长、教授
		教育部"长江学者"特聘教授
		国家杰出青年科学基金获得者

什么是化学工程？
　　　　　　　贺高红　大连理工大学化工学院教授
　　　　　　　　　　　教育部"长江学者"特聘教授
　　　　　　　　　　　国家杰出青年科学基金获得者
　　　　　　　李祥村　大连理工大学化工学院副教授

什么是地质？　殷长春　吉林大学地球探测科学与技术学院教授（作序）
　　　　　　　曾　勇　中国矿业大学资源与地球科学学院教授
　　　　　　　　　　　首届国家级普通高校教学名师
　　　　　　　刘志新　中国矿业大学资源与地球科学学院副院长、教授

什么是矿业？　万志军　中国矿业大学矿业工程学院副院长、教授
　　　　　　　　　　　入选教育部"新世纪优秀人才支持计划"

什么是纺织？　伏广伟　中国纺织工程学会理事长（作序）
　　　　　　　郑来久　大连工业大学纺织与材料工程学院二级教授
　　　　　　　　　　　中国纺织学术带头人

什么是轻工？　石　碧　中国工程院院士
　　　　　　　　　　　四川大学轻纺与食品学院教授（作序）
　　　　　　　平清伟　大连工业大学轻工与化学工程学院教授

什么是交通运输？
　　　　　　　赵胜川　大连理工大学交通运输学院教授
　　　　　　　　　　　日本东京大学工学部 Fellow

什么是海洋工程？
　　　　　　　柳淑学　大连理工大学水利工程学院研究员
　　　　　　　　　　　入选教育部"新世纪优秀人才支持计划"
　　　　　　　李金宣　大连理工大学水利工程学院副教授

什么是航空航天？
　　　　　　　万志强　北京航空航天大学航空科学与工程学院副院长、教授
　　　　　　　　　　　北京市青年教学名师
　　　　　　　杨　超　北京航空航天大学航空科学与工程学院教授
　　　　　　　　　　　入选教育部"新世纪优秀人才支持计划"
　　　　　　　　　　　北京市教学名师

什么是环境科学与工程？
　　　　　　　陈景文　大连理工大学环境学院教授
　　　　　　　　　　　教育部"长江学者"特聘教授
　　　　　　　　　　　国家杰出青年科学基金获得者
什么是生物医学工程？
　　　　　　　万遂人　东南大学生物科学与医学工程学院教授
　　　　　　　　　　　中国生物医学工程学会副理事长（作序）
　　　　　　　邱天爽　大连理工大学生物医学工程学院教授
　　　　　　　　　　　宝钢教育奖优秀教师奖获得者
　　　　　　　刘　蓉　大连理工大学生物医学工程学院副教授
　　　　　　　齐莉萍　大连理工大学生物医学工程学院副教授
什么是食品科学与工程？
　　　　　　　朱蓓薇　中国工程院院士
　　　　　　　　　　　大连工业大学食品学院教授
什么是建筑？　齐　康　中国科学院院士
　　　　　　　　　　　东南大学建筑研究所所长、教授（作序）
　　　　　　　唐　建　大连理工大学建筑与艺术学院院长、教授
　　　　　　　　　　　国家一级注册建筑师
什么是生物工程？
　　　　　　　贾凌云　大连理工大学生物工程学院院长、教授
　　　　　　　　　　　入选教育部"新世纪优秀人才支持计划"
　　　　　　　袁文杰　大连理工大学生物工程学院副院长、副教授
什么是农学？　陈温福　中国工程院院士
　　　　　　　　　　　沈阳农业大学农学院教授（作序）
　　　　　　　于海秋　沈阳农业大学农学院院长、教授
　　　　　　　周宇飞　沈阳农业大学农学院副教授
　　　　　　　徐正进　沈阳农业大学农学院教授
什么是医学？　任守双　哈尔滨医科大学马克思主义学院教授
什么是数学？　李海涛　山东师范大学数学与统计学院教授
　　　　　　　赵国栋　山东师范大学数学与统计学院副教授
什么是物理学？孙　平　山东师范大学物理与电子科学学院教授
　　　　　　　李　健　山东师范大学物理与电子科学学院教授

什么是化学？	陶胜洋	大连理工大学化工学院副院长、教授
	王玉超	大连理工大学化工学院副教授
	张利静	大连理工大学化工学院副教授
什么是力学？	郭　旭	大连理工大学工程力学系主任、教授
		教育部"长江学者"特聘教授
		国家杰出青年科学基金获得者
	杨迪雄	大连理工大学工程力学系教授
	郑勇刚	大连理工大学工程力学系副主任、教授
什么是心理学？	李　焰	清华大学学生心理发展指导中心主任、教授（主审）
	于　晶	辽宁师范大学教授
什么是哲学？	林德宏	南京大学哲学系教授
		南京大学人文社会科学荣誉资深教授
	刘　鹏	南京大学哲学系副主任、副教授
什么是经济学？	原毅军	大连理工大学经济管理学院教授
什么是社会学？	张建明	中国人民大学党委原常务副书记、教授（作序）
	陈劲松	中国人民大学社会与人口学院教授
	仲婧然	中国人民大学社会与人口学院博士研究生
	陈含章	中国人民大学社会与人口学院硕士研究生
		全国心理咨询师（三级）、全国人力资源师（三级）
什么是民族学？	南文渊	大连民族大学东北少数民族研究院教授
什么是教育学？	孙阳春	大连理工大学高等教育研究院教授
	林　杰	大连理工大学高等教育研究院副教授
什么是新闻传播学？		
	陈力丹	中国人民大学新闻学院荣誉一级教授
		中国社会科学院高级职称评定委员
	陈俊妮	中央民族大学新闻与传播学院副教授
什么是管理学？	齐丽云	大连理工大学经济管理学院副教授
	汪克夷	大连理工大学经济管理学院教授
什么是艺术学？	陈晓春	中国传媒大学艺术研究院教授